# Die Stunde des Populismus

## Das Volk, die Elite und die Krise der Repräsentation

*Wissenschaftliche Reihe – Heft 32*
*Arbeitsgruppe 1: Staat und Gesellschaft*

Institut für Staatspolitik

Rittergut Schnellroda · 06268 Steigra
Fax 034632 904397 · www.staatspolitik.de

# Inhalt

1. Einleitung . . . . . . . . . . . . . . . . . . . . . . . . . . . . . . 3
2. Theorien des Populismus . . . . . . . . . . . . . . . . . . . . 5
   2.1 Populismus als Kategorie in der Politikwissenschaft . . . . . . . . . 5
        2.1.1 Jan-Werner Müller . . . . . . . . . . . . . . . . . . . . 6
        2.1.2 Karin Priester . . . . . . . . . . . . . . . . . . . . . . . 7
        2.1.3 Florian Hartleb . . . . . . . . . . . . . . . . . . . . . . 9
   2.2 Populismus als politisches Konzept . . . . . . . . . . . . . . . . . 10
        2.2.1 Ernesto Laclau und Chantal Mouffe . . . . . . . . . . . . 11
        2.2.2 Jean-Claude Michéa . . . . . . . . . . . . . . . . . . . . 13
        2.2.3 Alain de Benoist . . . . . . . . . . . . . . . . . . . . . . 14
3. Populismus in der politischen Praxis . . . . . . . . . . . . . . . 17
   3.1 Rechtspopulismus . . . . . . . . . . . . . . . . . . . . . . . . . 17
        3.1.1 Deutschland: Das ewige Gespenst . . . . . . . . . . . . . 17
        3.1.2 Österreich: Von Haider zu Strache . . . . . . . . . . . . . 19
        3.1.3 Niederlande: Fortuyn und Wilders . . . . . . . . . . . . . 21
        3.1.4 Frankreich: Der Front National und der
             »Nationalpopulismus« . . . . . . . . . . . . . . . . . . . 22
   3.2 Linkspopulismus . . . . . . . . . . . . . . . . . . . . . . . . . . 25
        3.2.1 Frankreichs Linksfront . . . . . . . . . . . . . . . . . . . 25
        3.2.2 Spanien: Podemos oder Laclau in Aktion . . . . . . . . . 27
   3.3 Querfrontpopulismus . . . . . . . . . . . . . . . . . . . . . . . . 29
        3.3.1 Griechenland: Populismus zwischen links und rechts . . . . 29
        3.3.2 Sonderfall: Italiens Fünf Sterne . . . . . . . . . . . . . . 31
   3.4 Unternehmer- und Regierungspopulismus . . . . . . . . . . . . . 32
4. Die Alternative für Deutschland und der Populismus . . . . . . . . 35
5. Zusammenfassung . . . . . . . . . . . . . . . . . . . . . . . . . 38
6. Anmerkungen . . . . . . . . . . . . . . . . . . . . . . . . . . . 40

---

© Institut für Staatspolitik · 2017
Rittergut Schnellroda · 06268 Steigra · Fax 034632 904397 · www.staatspolitik.de
Alle Rechte vorbehalten.
Auszugsweise photomechanische Vervielfältigung ist zu wissenschaftlichen Zwecken gestattet.

ISBN 978-3-939869-32-0

# 1. Einleitung

*Ist es politische Unbeholfenheit, ist es mangelndes Sprachgedächtnis, ein und dasselbe Volk, sofern es sich richtig verhält,* demos, *wenn aber nicht, dann abschätzig* populus *zu rufen?*

Botho Strauß[1]

2017 ist für die Bundesrepublik Deutschland ein bedeutendes Wahljahr. Mit der Alternative für Deutschland (AfD) hat erstmals in der Geschichte der Bundesrepublik eine dezidiert oppositionelle freiheitliche Kraft die realistische Chance, in den Bundestag einzuziehen. Daß die AfD seitens des politischen Establishments und seiner linken Helfer dabei mit allen – legalen und illegalen – Mitteln im Wahlkampf behindert werden soll, ist bekannt. Ebenso bekannt sind Mittel der Stigmatisierung: Ob »Nazi-Keule« oder Faschismus-Vergleiche – die Diffamierung kennt keinerlei Grenzen des guten Geschmacks. Der häufigste Vorwurf, dem die AfD auch schon früher ausgesetzt war, bleibt jener des »Populismus«. Ob Martin Schulz (SPD) oder Angela Merkel (CDU), ob grüne, gelbe oder dunkelrote Spitzenkandidaten, ob »Qualitätsmedien« wie die *Frankfurter Allgemeine Zeitung* oder Boulevardblätter wie die *Bild*: sie alle sehen in der Wahlkonkurrenz der AfD die Gefahr des »Populismus« bzw. »Rechtspopulismus« verkörpert.

Der Begriff des »Populismus« wird uns – speziell im Superwahljahr 2017 – also weiterhin täglich begegnen. »Weiterhin«, denn er begegnet uns ohnehin schon fortwährend im Alltag. US-Präsident Donald Trump? Ein Populist par excellence. Geert Wilders von der Partei für die Freiheit (PVV) in den Niederlanden? Ein islamfeindlicher Populist. Der anhaltende Erfolg der Freiheitlichen Partei Österreichs (FPÖ)? Ein Siegeszug der Rechtspopulisten. Die direktdemokratischen Initiativen zur »Ausschaffung« mehrfach straffällig gewordener Ausländer in der Schweiz? Agitation von fremdenfeindlichen Populisten. Aber auch andersherum funktioniert dieses Schema: Substantielle EU-Kritik seitens spanischer Antikapitalisten um Podemos (»Wir können«)? Eine Spielart des Linkspopulismus. Die Liste ließe sich beliebig fortsetzen, und wenn auch auf den ersten Blick in jedem spezifischen Fall unklar bleibt, was mit »Populismus« gemeint ist, so wird zumindest unmittelbar deutlich, worum es jenen Kreisen geht, die diesen Vorwurf erheben: Herabwürdigung und Ausgrenzung.

Es ist zu betonen, daß dieses Begriffspaar meist als Rammbock gegen ebenjene »Populisten« verwendet wird. Den so Gescholtenen wird in der Regel unterstellt, ihre Politik basiere eben auf Herabwürdigung (etwa von »Eliten«) sowie auf Ausgrenzung (etwa von Minderheiten). Daß dies so pauschal nicht zutrifft, soll im Verlauf dieser Studie deutlich werden. Auch die implizit und explizit immer wieder zu vernehmende Anklage, mit dem Populismus »scheint sich das Vulgäre in die Politik hineinzufressen«,[2] wie ein Politikwissenschaftler jüngst meinte, ist doppelbödig. Denn um was anderes als Vulgär-Gepolter handelt es sich, wenn etablierte Altpolitiker in Richtung der jungen »rechtspopulistischen« Konkurrenz formulieren, sie seien eine »Schande für Deutschland« (Wolfgang Schäuble), man dürfe sich mit Extremisten nicht auseinandersetzen (Peter Tauber), man benötige die Intervention des Verfassungsschutzes (Sigmar Gabriel), oder man empfehle den Islamisierungsgegnern einen »Arztbesuch« (Ralf Stegner)?[3]

So wie der Vulgaritätsvorwurf auf ihre Erfinder zurückfällt, ist auch eine zweite Unterstellung irreführend. »Populisten« wird immer wieder vorgeworfen, sie würden komplexe Vorgänge in Wirtschaft, Gesellschaft oder Politik vereinfacht darstellen und verkürzt agieren. Dabei ist dies gerade dann der Fall, wenn man eine weltanschauliche oder interessengeleitete politische Gruppierung als »populistisch« darstellt, ohne sich mit ihren Argumenten auseinanderzusetzen. Hinzu kommt, daß die gemeinhin als seriös geltenden Parteien, die den Populismusvorwurf zur Stigmatisierung des politischen Gegners einsetzen, nicht gerade bekannt dafür sind, dem Wähler gegenüber besonders differenziert zu argumentieren. Formeln wie »Wir schaffen das!« oder »Zeit für mehr Gerechtigkeit« können an Unterkomplexität auch durch die vermeintlichen Populisten kaum unterboten werden.

## 2. Theorien des Populismus

### 2.1 Populismus als Kategorie in der Politikwissenschaft

Die Karriere des Populismusbegriffs ist eng mit dem Ende des Kalten Krieges verbunden. Das Feindbild westlicher Politik, die Sowjetunion und ihre Satrapen, fiel weg; das »Schlechte« feierte statt dessen nun fröhliche Urständ in Gestalt als »populistisch« bezeichneter Akteure vom linken oder rechten Rand, die Dualitäten wie »Volk« versus »Elite« oder »arbeitende« versus »parasitäre« Schichten ins Zentrum ihrer Agenda rückten. Ein weiterer Aspekt ganz unterschiedlicher populistischer Akteure wird besonders in Zeiten des »Lügenpresse«- bzw. »Lückenpresse«-Vorwurfs wieder aktuell: die Kritik an einer Gesellschaft, deren Realität von dem Gros der meinungsbildenden Journalisten, Wissenschaftler und Intellektuellen bewußt anders interpretiert und wiedergegeben wird, als relevante Teile der Bevölkerung entsprechende Prozesse und Entwicklungen wahrnehmen.

Bereits 15 Jahre vor Beginn des Zerfalls der realsozialistischen Staatenwelt leistete der Soziologe Helmut Schelsky eine Fundamentalkritik der künftigen »Priester- und Klassenherrschaft«, die von »Sinnproduzenten und Sinnvermittlern« (den Meinungsmachern in Medien und Universitäten) ausgeübt werde. Schelsky warnte, daß die »Reflexionselite« der »gemäßigt linken« bzw. linksliberalen Mainstream-Journalisten einst einen Informationskampf gegen das eigene Volk führen würde, das durch eine herrschsüchtige und gegen Selbstkritik immune Kaste belehrt und ideologisch »betreut« werden solle.[4] War diese Prognose 1975 noch provokativ und gewagt, erschien sie bereits 20 Jahre später – und erst recht 30 oder 40 Jahre danach – nachvollziehbar. Mit fortschreitender Relevanz der Thesen Schelskys im ausgehenden 20. Jahrhundert läßt sich retrospektiv beobachten, daß populistische Akteure zunehmend als Reaktion auf »soziale Schließungen« im Sinne Max Webers aktiv wurden, d.h.: Der Zugang zu politischen, gesellschaftlichen oder medialen Positionen und Einflußmöglichkeiten erschien bestimmten Personenkreisen, die sich oftmals als Sprachrohr einer »schweigenden Mehrheit« verstanden, verwehrt; ihr Unmut richtete sich gegen ein »Kartell« aus herrschenden ideologischen und machtstrategischen Cliquen, das daran interessiert war (und ist), Andersdenkende vom Zugang zu ihren hegemonialen Stellungen auszuschließen.

Bereits in den 1980er Jahren begann die Forschung, derartige Protestbewegungen im Sinne eines »Populismus«-Konzepts zu interpretieren, in den 1990er Jahren – u.a. mit dem Siegeszug Jörg Haiders und seiner FPÖ – nahm diese Entwicklung an Fahrt auf, und mit der Jahrtausendwende und dem ersten Dezennium nach ihr (samt perpetuierter Krisen der liberalen Gesellschaftsordnungen des Westens[5]) wurde Populismus ein allgegenwärtiges Topos der wissenschaftlichen Analyse. Nur pars pro toto seien kurz drei aktuelle Beispiele vorgestellt.[6]

### 2.1.1 Jan-Werner Müller

Der Ideenhistoriker Jan-Werner Müller (Jg. 1970) – er lehrt an der renommierten Princeton University – hat beanstandet, daß eine »kritische Theorie des Populismus«[7] nach wie vor fehle. Ebenso mangele es an einer Kontextsensibilisierung für das Verhältnis der Populismen zu Demokratie und Liberalismus. Hat Müller insofern recht, als daß jede populistische Erscheinung auch eine Reaktion auf die herrschende Praxis von (repräsentativer) Demokratie und (gesellschaftlichem, wirtschaftlichem oder politischem) Liberalismus ist, so scheint sein folgendes Diktum, wonach »Populismus an sich nicht demokratisch, ja der Tendenz nach zweifelsohne antidemokratisch ist«,[8] zu apodiktisch und – ohne Belege – zumindest voreilig.

Müllers Ansatz, der weitgehend durch Multiplikatoren des (politischen und medialen) Mainstreams rezipiert und reproduziert wird und nur daher für die vorliegende Studie relevant ist, läuft darauf hinaus, den Populismus außerhalb des Bereichs des politisch Akzeptierbaren zu stellen. Hervorhebenswert erscheint insbesondere sein Versuch, den angenommenen Antipluralismus der Populisten als besonders unredlich darzustellen. Müller wirft »den« Populisten vor, einen »moralischen Alleinvertretungsanspruch«[9] zu erheben. Mit Verweis auf Jürgen Habermas betont Müller, daß Demokratie ohne Pluralität nicht zu haben sei. Was Populisten eine, so Müller pauschalisierend, sei der Anspruch, exklusiv das Volk zu vertreten,[10] während sich alle anderen Akteure aufgrund des populistischen Allmachtsanspruchs ausgeschlossen sehen würden. In der logischen Konsequenz sind Populisten, deren entschiedenen Antipluralismus Müller ohnehin a priori voraussetzt, demzufolge auch Antidemokraten.

Der zentrale Aspekt, den Müller verkennt, ist freilich, daß diese Vorwürfe vor allem auf ihre Urheber zurückfallen und somit wenig zu einer genuinen »kritischen Theorie des Populismus« beizutragen haben. Denn es ist schwer bestreitbar, daß gerade das Kriterium des »moralischen Alleinvertretungsanspruchs« exakt gegenläufig zu diagnostizieren wäre: Schließlich agiert die politische und mediale Führungsschicht des Landes in bezug auf AfD, PEGIDA und Co. insbesondere mit moralischer Beweisführung; die Auszugrenzenden werden ja eben wie »Unberührbare« als »Populisten« oder gar »Rechtsextremisten« vom Diskurs ausgeschlossen (das ist offen antipluralistisch), bei Koalitionsüberlegungen von vornherein exkludiert (das ist latent antidemokratisch) und ferner mit moralisch pejorativen Attributen versehen; Ralf Stegners Ausfälle in Richtung der bösen, schlechten und moralisch bankrotten »Rechtspopulisten« stellen dabei nur die Spitze des Eisbergs dar.

Ein aktuelles Beispiel im Superwahljahr für das »moralische Unterscheidungskriterium«,[11] das Müller »den« Populisten vorwirft, aber genau andersherum konsequent und seit Jahren funktioniert, ist das Bekenntnis zum Transatlantismus, das jede »politikfähige« Partei einbringen muß, möchte sie für koalitionsfähig erklärt werden. Wer gegen die hegemoniale Rolle der USA und ihrer westlichen Partner der Europäischen Union argumentiert, ist stante pede »Populist«, nicht regierungsfähig, moralisch vorbelastet, und es spielt hierbei keine größere Rolle, ob der konkrete Vorwurf nun »Linkspopulist« (vgl. Sahra Wagenknecht, Die Linke) oder »Rechtspopulist« (vgl. Alexander Gauland, AfD) lautet.[12] Das »moralische Unterscheidungskriterium« der Herrschenden kann daher auch in anderen Worten als eherner Grundkonsens des Establishments beschrieben werden – ein Umstand mit Tragweite, den populistische Protestparteien oder -bewegungen mangels konkreter Einflußmöglichkeiten auf ihre Art und Weise gar nicht durchsetzen könnten, selbst wenn sie in ihrer momentanen Bewegungsphase eigene Unterscheidungskriterien (etwa das »gute Volk« gegen eine »korrupte Elite«) vertreten mögen.

Da Jan-Werner Müller mit seiner Populismus-Studie erkennbar politisch-normative Ziele verfolgt und behauptet, daß der Anspruch »der« Populisten »stets« laute »Wir – und nur wir – vertreten das wahre Volk«,[13] kann er als Musterbeispiel eines Forschers gelten, der den Populismus-Vorwurf ex cathedra als Stigma und Exklusionsmechanismus im Sinne des Establishments ausarbeiten möchte, indem er den Gescholtenen – also der entstehenden Konkurrenz der bis dato alternativlosen Etablierten – quasitotalitäre Ansprüche und ressentimentgesteuerte Anti-Politik unterstellt. Müller bedient sich ironischerweise dabei genau jener Art und Weise, die die Entstehung von Populismen geradezu begünstigt, die en bloc speziell »gegen die belehrende Art der liberalen Politik« opponieren, »bei der der Einzelne als Schüler betrachtet wird, der von einer Elite erzogen werden muß«.[14] Anders formuliert: »Der Vorwurf des Ressentiments ist heute der bevorzugte Ausdruck für den Rassismus der Eliten gegen alle, die gegen sie revoltieren.«[15] Doch nicht jeder Wissenschaftler macht sich zum akademisch beglaubigten Sprachrohr ebenjener Eliten.

2.1.2 Karin Priester
Die emeritierte Professorin für Politische Soziologie – sie lehrte überwiegend in Münster – Karin Priester (Jg. 1941) steht für die seriöse akademische Auseinandersetzung mit dem Populismus. Priester tritt in ihren entsprechenden thematischen Veröffentlichungen vor allem gegen die Auffassung an, Populismus sei nur ein politischer Stil (wie dies etwa Bernd Stegemann jüngst formulierte[16]) oder eine Mobilisierungspraxis. Sie sieht die populistischen Erscheinungen vielmehr als strukturell und ideologisch eigenständige Phänomene.[17] Dabei rekurriert Priester auf den Politiktheoretiker Michael Freeden, der den Terminus der »dünnen Ideologie« prägte. Eine *thin-centered ideology* kennzeichne es, daß sie über keinen integralen Gesellschaftsentwurf verfüge (wie etwa Sozialismus oder Liberalismus), sondern an ihre spezifische Umwelt anpassungsbereit sei und sich je nach konkreter Situation unterschiedlich artikuliere.[18]

Populismus sei seit jeher von »Manichäismus«, also von radikaler Schwarzweißzeichnung, geprägt. Ihm liege ein »dichotomisches Gesellschaftsbild«[19]

zugrunde, was nichts anderes meint als: die Freund-Feind-Unterscheidung ist essentiell. Ließe sich hier – u. a. mit Verweis auf Carl Schmitt – einwenden, daß jedes nicht auf Konsensfindung zielende politische Konzept nach dieser Logik populistisch wäre, trifft dessen ungeachtet Priesters Einschätzung zu, daß die Geschichte des Populismus im deutschsprachigen Raum eng mit einer Rechtstendenz verknüpft ist; als Beispiel führt sie die Landvolkbewegung der 1920er Jahre an, die im Umfeld der »Konservativen Revolution« Bauernproteste gegen die städtische Elite initiierte.

Priester definiert, daß Populismus – einst und jetzt – stets »anti-institutionell, anti-elitär und anti-systemisch« sei, »auch wenn er in der Regel nur auf das politische System zielt«.[20] Bedeutender ist die These, die beispielsweise Jan-Werner Müller gar nicht erst zur Disposition stellt, daß Populisten insbesondere die Absprachenpolitik der Etablierten geißeln, die den Staat als ihr ureigenes Metier begreifen und wie ein Revier verteidigen; Priester merkt an, daß sich die »populistische Revolte« daher »vor allem gegen einen Staat« wende, »der sich hinter einem Wall oder unter einer Käseglocke verschanzt hat«.[21] Da der Populismus als dünne Ideologie aber keine klar umrissene Doktrin sein eigen nennt, sondern variabel anschlußfähig an andere Weltanschauungen ist,[22] äußert sich diese Revolte unterschiedlich.

Die zentrale Konfliktlinie verläuft entlang der Interessen. Während sich die Eliten aus Politik, Wirtschaft und Gesellschaft »längst postmateriellen Werten zugewandt haben, zählen für Menschen der unteren sozialen Segmente aber immer noch materielle Werte«.[23] Einfacher, aber vielleicht anschaulicher ausgedrückt: Wenn ein grüner (oder roter etc.) Universitätsdozent in einem wohlstandsbürgerlichen Quartier über Gender Mainstreaming oder Transgenderrechten von Asylbewerbern theoretisiert, betrifft das nicht die Lebensrealität breiter Schichten, sehr wohl aber handfeste Fragen, etwa – um beliebig austauschbare Beispiele anzuführen – ob die nächste Erstaufnahmeeinrichtung wieder im eigenen Viertel gebaut wird oder ob am Ende des Monats durch Erhöhung von Krankenkassenbeiträgen wieder weniger im Geldbeutel bleibt.

Ein weiterer Aspekt der Priesterschen Forschungsergebnisse, der erhellend wirkt, ist ihr Dissens zu vielen Populismus-Exegeten in bezug auf Charisma und Populismus. Denn Priester betont, daß es keinesfalls von charismatischen Führern abhängig ist, ob eine Bewegung reüssiert. Sie mutmaßt sogar, daß eine stark »charismatiert« aufgestellte Partei – also etwa eine, die nur durch eine starke, öffentliche Persönlichkeit im Volk bekannt ist (man denke an Jörg Haiders Bündnis Zukunft Österreich, BZÖ) – kurzlebiger sei als eine, die über stabile Kader verfügt, denen es indes aber an Charisma fehle.[24]

Ein letzter Gesichtspunkt, der in diesem konkreten Kontext der Studie hervorzuheben wäre, ist die Frage, wann ein »populistischer Moment«, wann also die Stunde der Populisten gekommen ist. Für westeuropäische Länder, so reflektiert Priester, trete dieser Moment dann ein, »wenn zwei Krisen zusammenkommen, eine Hegemoniekrise und eine Repräsentationskrise«.[25] Betrachtet man die gegenwärtige Verfaßtheit der bundesdeutschen wie europäischen Nomenklatur, deren Repräsentationsanspruch zunehmend von breiteren Schichten in Frage gestellt wird; betrachtet man die zunehmende Unfähigkeit der etablierten »Lückenpresse« (Michael Klonovsky), die dieser Nomenklatur im Regelfall zur Seite steht, nachhaltig Gehör zu finden und einseitige, den »Mainstream« stützende Narrative durchzusetzen; betrachtet man also zusammengefaßt die offen zutage tretende Übereinstimmung zwischen Repräsentations- und Hegemoniekrise des etablierten politmedialen Komplexes, spricht vieles dafür, daß die Stunde des Populismus angebrochen ist. Das sieht – wenngleich mit gegenläufiger Intention – auch Florian Hartleb so.

### 2.1.3 Florian Hartleb

Der Politikwissenschaftler Florian Hartleb (Jg. 1979), der als Politikberater in Tallinn (Estland) lebt und u.a. für die einflußreiche Bertelsmann-Stiftung arbeitet, ist mit einigen wissenschaftlichen Monographien und Sammelbandaufsätzen zum Populismus-Komplex hervorgetreten.[26] Über sie verschaffte er sich akademisches Renommee und wurde von ARD, ZDF und zahlreichen Zeitungen und Zeitschriften als Experte für Populismus etabliert. Nun hat er mit *Die Stunde der Populisten* einen entsprechend vielbeachteten Meinungsbeitrag gegen »Demagogen« vorgelegt, der – ähnlich wie Jan-Werner Müllers *Was ist Populismus?* – der »Demaskierung« der Populisten dienen möchte.

Die aktuelle politische Entwicklung zugunsten vermeintlicher oder tatsächlicher Rechtspopulisten bezeichnet Hartleb als »Trumpetisierung«, womit er »Vereinfachung, Polarisierung und Ausgrenzung in Kampagnenform«[27] verbindet. Den Motor des populistischen Erfolgs macht Hartleb entsprechend in den USA aus, denn auch in Europa lernen Politiker aller Parteien von den Vereinigten Staaten, »wie Wahlen geplant, geführt und gewonnen werden«.[28] Er sieht indes nur Trump – nicht Clinton und Co. – als Demagogen, der wenig Ahnung von Politik und Gesellschaft habe, dafür aber über »Entertainment-Qualitäten auf der Basis niederer Instinkte« verfüge.[29] In diesem Stile analysiert Hartleb das doch etwas komplexere Phänomen Trump, womit er das Beispiel einer stark verkürzten Darstellung bietet. Ausgerechnet sie wäre nach Hartlebs eigenen Maßstäben als »populistisch« zu bezeichnen, da der Populismus stets, so der Wissenschaftler in Beraterfunktion, »auf radikale Vereinfachung« setze.[30]

Interessanter und substantieller sind Hartlebs Überlegungen zur Linksrechts-Überwindungsintention vieler Populismen. Er zeigt anhand konkreter Beispiele aus Skandinavien und Großbritannien auf, daß besonders die Sozialdemokratie unter den Erfolgen rechtspopulistischer Formationen leide;[31] Arbeiter wechseln am schnellsten das Lager in Richtung »rechter« oder als »rechts« wahrgenommener Strukturen und haben ein Gespür für die folgenschwere Interessenverschiebung linker Kreise bezüglich materieller und postmaterieller Werte, die Karin Priester (vgl. Kapitel 2.1.2) ebenfalls als bedeutend einstufte. Hier ließe sich zudem das Beispiel der FPÖ in Österreich anführen, die 2016 über 70 Prozent (!) der Arbeiterstimmen erhielt, während die als volksfern empfundenen Sozialdemokraten – einst die unumstrittene Arbeiterpartei – lediglich zehn Prozent erzielen konnten.[32] Die soziale Frage kann somit als Einfallstor freiheitlich-konservativer (bisweilen: »rechtspopulistischer«) Parteien bezeichnet werden.

Die Mittel, die Hartleb zur Entzauberung populistischer Bewegungen einsetzen möchte, sind folgende: Politiker sollten eine klare Sprache verwenden, Heimat dürfe nicht mehr als »rechts« desavouiert werden – Martin Schulz' PR-Kampagne zielt im Wahlkampf z. B. genau darauf ab –, »Lügen« der Populisten müßten entlarvt und Probleme angesprochen werden.[33] Entscheidend sei zudem der »Mut zum Konflikt«: Da Populismus eine »Antwort auf die Konsenskultur« der Etablierten sei, müßten sich die Volksparteien verbal wieder stärker ausdifferenzieren und nicht ausschließlich um die Mitte kämpfen wollen.[34] Hartleb rät also verklausuliert zu Scheindebatten jenseits des derzeitigen Große-Koalition-Denkens; ein Rat, der im aktuellen Wahlkampf tatsächlich von Union und Sozialdemokraten befolgt wird, während die grundlegenden Paradigmen keinen fundamentalen Dissens offenlegen. Die Noch-Volksparteien folgen also einem weiteren, oben bereits angeführten Ansatz Hartlebs in Form des US-»Politainments«.

### 2.2 Populismus als politisches Konzept

Die als Beispiele gewählten Wissenschaftler verdeutlichen – bei aller Unterschiedlichkeit der Analyse – vor allem eines: Der Vorwurf oder die Feststellung des »Populismus« wird nicht nur inflationär, sondern häufig pejorativ, d. h. voreingenommen, abwertend, diffamierend verwendet. Dabei ist die etymologische Bedeutung wertfrei: Das Wort stammt vom lateinischen *populus* ab, das nichts anderes als »Volk« oder »Bevölkerung« bedeutet. Die Endung »-ismus« zeigt meist eine weltanschauliche Fokussierung auf das vorangegangene Wort an; Populismus ist also – etymologisch betrachtet – letztendlich nichts anderes als die weltanschauliche, ideologische oder doktrinäre Fokussierung auf das »Volk«, wobei diese Kategorie unterschiedlich mit Inhalt gekoppelt wird.

Verstehen die einen Kräfte »Volk« als unveränderliche oder aber dynamische Abstammungsgemeinschaft, unbeeinflußt von der einzelnen eventuellen Klassenzugehörigkeit, herrscht in anderen Kreisen das Verständnis von »Volk« als bloße, gewissermaßen zufällige Ansammlung von Menschen in einem bestimmten Territorium vor. Wieder andere sehen im »Volk« das »Populare« im Sinne des marxistischen Intellektuellen Antonio Gramsci verkörpert, meinen also die »subalternen« (untergeordneten) Schichten, die »Volksklassen«, die – wie man heute umgangssprachlich sagen würde – unteren und mittleren Schichten jenseits der obersten, besitzenden, regierenden Klasse, die erst im Klassenkampf zu sich selbst finden müssen.[35]

### 2.2.1 Ernesto Laclau und Chantal Mouffe

In der Traditionslinie Gramscis stehen der Argentinier Ernesto Laclau (1935–2014) und die Belgierin Chantal Mouffe (Jg. 1943), deren denkerische Arbeit der letzten Jahrzehnte speziell auch der Stiftung eines positiven »Linkspopulismus« diente. Dabei haben sich die historischen und ökonomischen Rahmenbedingungen, in denen Laclau und Mouffe arbeiten, im Vergleich zu ihrem geistigen Ahn Gramsci gänzlich geändert. Der intellektuelle Kopf der italienischen Kommunisten agierte noch im direkten Widerstand zum Faschismus (und seinem Beiwerk in Form der Monarchie) und versuchte eine breite, eben populare Allianz (oder, in einem Terminus Laclaus/Mouffes: »Äquivalenzkette«) gegen diese »reaktionäre« Doppelherrschaft zu formieren. Laclau und Mouffe sehen sich dagegen mit dem alles umfassenden Regime des technokratischen, elitären, volksfernen, bisweilen abstrakten Neoliberalismus konfrontiert, dem sie eine Theorie des neuen Populismus entgegenstellen wollen.

Dabei folgen sie zunächst der »typisch« populistischen Dichotomie Volk versus Elite, drücken dies aber als »Anrufung der Subalternen gegen die Machthaber« (Laclau) aus. Angehöriger des Volkes ist hier jeder, der sich qua Engagement im gemeinsamen Streben (im Regelfall gegen die herrschende »Oligarchie«) zu ihm bekennt. Wie bei Gramsci erfolgt die Volksgenese also gewissermaßen voluntaristisch, nicht über Abstammung; der *populus* ist daher – ähnlich wie bei Hegel – schlichtweg das organisierte Volk. Für dieses Volk soll das »Projekt einer radikalen und pluralen Demokratie« im Zeichen einer »Reformulierung der sozialistischen Ideale« entworfen werden;[36] Ideale, die durch den realen Sozialismus des »Ostblocks« ebenso desavouiert wurden wie durch ähnliche Experimente in Asien.

Der Entwurf Laclaus/Mouffes, der sich von orthodox-marxistischen Auffassungen ebenso freimacht wie von »postmodernen« linken Entwicklungen, ist dementsprechend nicht mehr »ganzheitlich« oder »total« wie noch derjenige Lenins oder Maos. Laclau und Mouffe wollen die »radikale Demokratie«, der eine »sozialistische Dimension (die Abschaffung kapitalistischer Produktionsverhältnisse)« innewohnt; sie negieren aber die »Vorstellung, daß aus dieser Abschaffung notwendig die Beseitigung anderer Ungleichheiten folgt«.[37] Die parlamentarische Demokratie soll erhalten bleiben, aber – mit einem stark linksgewendeten Carl Schmitt – vor der Allmacht des wirtschaftlichen Liberalismus und seiner Oligarchen zugunsten der »Subalternen«, also der breiten Schichten eines Volkes, geschützt werden, indem das Prinzip der Volkssouveränität zurück in seine Rechte gesetzt wird. Es geht daher bei diesem linkspopularen oder linkspopulistischen Konzept um die »Demokratisierung von Demokratie«[38]

gegen die universale Hegemonie eines nur kleinen Kreisen nützenden Neoliberalismus. Es geht um die linke Wiederaneignung von emotionalen Konzeptionen wie der Mythos-Stimulanz Georges Sorels,[39] um die Versöhnung von sozialistischen Idealen und pluralistischer Demokratie, ferner in gewissem Sinne um ein neuerliches »Ins-Volk-Gehen« der Linken.

Es ist an dieser Stelle nicht notwendig, die einzelnen, komplexeren Ideenlinien nachzuzeichnen, die das postmarxistische Werk Laclaus und Mouffes prägen. Entscheidend für die Stiftung eines linken Populismus, entscheidend also für den Kontext der vorliegenden Studie, sind allein folgende drei Aspekte:

Erstens betonen beide als erste linke Denker der Gegenwart, daß die Linke die emotionale Sphäre wieder betreten muß. Man könne, so Mouffe treffend, nicht Politik betreiben, »ohne ›Leidenschaften‹ als treibende Kraft auf dem Feld der Politik zur Kenntnis zu nehmen«.[40] Diese unumstößliche Tatsache wurde in der rein rationalistisch bis intellektualistisch geprägten Linken lange ignoriert; auch, um sich nicht direkt oder indirekt der Gefahr auszusetzen, mit dem »Stammtisch« zu kooperieren.

Zweitens betont Mouffe, daß das Konsensbestreben linker Kräfte oder die Leugnung der Schmittschen Freund-Feind-Scheidung apolitisch ist. Das Anerkennen des Vorhandenseins eines realen Gegners sei zentral, »Mobilisierung erfordert Politisierung, aber Politisierung kann es nicht ohne konfliktvolle Darstellung der Welt mit gegnerischen Lagern geben, mit denen sie sich identifizieren können«.[41] Diese Kritik richtet sich implizit an die tonangebende, postmoderne europäische Linke, die etwa die Dichotomie »Wir da unten« gegen »Die da oben« für mindestens regressiv, vielleicht sogar strukturell antisemitisch hält und davor warnt, im politischen Kampf gegen den »abstrakten« Kapitalismus konkrete Gegner zu benennen oder zu »personalisieren«.

Drittens wird klargestellt, daß die Unterschiede innerhalb des herrschenden Machtkartells der etablierten Parteien nur marginal sind. Es gebe in Zeiten des neoliberalen Kapitalismus keinen fundamentalen Dissens mehr zwischen den einzelnen politischen Lagern, und daher »versuchen sie, ihre Produkte mit Hilfe von Werbeagenturen durch cleveres Marketing zu verkaufen«.[42] Gegen diese Entpolitisierung im Gefolge des herrschenden Zeitgeistes will Mouffe daher die hier unter »erstens« und »zweitens« genannten Aspekte zurück in das Politische bringen: Leidenschaften und Polarisierungen breiter Schichten gegen die die Volkssouveränität negierende Macht der Technokraten und Kapitalisten.

Linkspopulismus im Sinne Laclaus/Mouffes ist also – zusammengefaßt – eine politische Richtung, »die eine Sammlung unterschiedlicher Elemente subalterner Klassen anstrebt oder realisiert; sie versucht, die herrschenden politisch-ökonomischen Führungstruppen anzugreifen (abzulösen), um sozial gerechtere, national-souveräne, demokratisch-selbstbestimmte Politiken in Angriff zu nehmen«.[43] Diese Definition, die aus dem marxistischen Spektrum mit kritischem Wohlwollen formuliert wird, trifft im wesentlichen zu; sie muß gleichwohl zwingend um die obengenannte Dimension der Gefühlsebene ergänzt werden.[44]

### 2.2.2 Jean-Claude Michéa

Es dürfte kein Zweifel bestehen, daß die Ansätze von Laclau und Mouffe auch für die politische Rechte – zumindest für ihre liberalismus- und kapitalismuskritischen Strömungen – fruchtbar gemacht werden können. Einem wie auch immer gearteten »Querfront«-Konzept[45] standen bzw. stehen sie freilich nicht zur Verfügung. Mouffe selbst betonte, daß sie das Verschwinden von »links« und »rechts« oder aber ein Zusammengehen derselben »keineswegs für einen Fortschritt in eine demokratische Richtung« halte, sondern daß dies »vielmehr die Zukunft der Demokratie« bedrohen würde.[46]

Ganz anders sieht dies der französische Denker Jean-Claude Michéa (Jg. 1950). Der politische Philosoph stammt zwar – wie Laclau und Mouffe – aus der radikalen Linken. Dort störte ihn allerdings vor allem die häufig anzutreffende Weigerung, sich einzugestehen, daß eine tiefgreifende Einheit des politischen, des ökonomischen und des gesellschaftlichen Liberalismus offenkundig ist.[47] Aus diesem Grund erschien es Michéa unhaltbar, einen Liberalismus abzulehnen und einen anderen zu begrüßen. In seinem bisher wichtigsten Werk, *Das Reich des kleineren Übels,* will er mit Verweis auf nichtmarxistische Sozialisten die kritiklose Adaption liberalen Fortschrittsdenkens durch linke Strömungen überwinden. Seine darauf aufbauende Fundamentalkritik der Entwicklungsstränge des Liberalismus und der politischen Linken trifft Trotzkisten wie Kommunisten, Radikalsozialisten wie postmoderne Antifaschisten. Sie macht auch vor undogmatischen 68ern nicht halt, die längst – ob in Frankreich oder in Deutschland – in Regierungsverantwortung stehen. Deren ursprüngliches Streben nach Befreiung von Sitten, Anstand und Moral habe der heute längst vollzogenen Konversion ganzer linker Strömungen zum hedonistischen Konsumismus vollends Tür und Tor geöffnet.

Diese Bejahung des bestehenden kulturellen, wirtschaftlichen und politischen Rahmens der herrschenden Klasse gehe einher mit der Abwendung vom Volk als Bezugsgröße. Was Michéa in diesem bereits 2007 in Frankreich verlegten Text einfordert, ist die Befreiung politischer Bewegungen vom individualistischen liberalen Geist. Sein Ideal ist ein nicht eindeutig linker, aber auch nicht eindeutig rechter Populismus, der sich an einem wertegebundenen, ursprünglichen Gesellschaftsbild orientiert, dessen Grundmaximen »Moral« und »Gemeinschaft« bedeuten und dem der Abschied von Wachstumsideologie und One-World-Streben innewohnt.[48] An der Rechten stört Michéa summa summarum das national Borniertes, die Akzeptanz liberaler Götzen, das Elitäre. Bei der Linken wertet er als unverzeihlichen Sündenfall die vollzogene Entfremdung vom »kleinen Mann«.

In seinem jüngsten Werk[49] knüpft Michéa an diese Standpunkte an. Er fordert einen »populisme transversal«, den man ins Deutsche mit Querfrontpopulismus übersetzen könnte, wenn man »Querfront« in diesem Kontext nicht als die Verschleierung der Bedeutung der alten Termini »links« und »rechts« versteht, sondern als dialektische »Aufhebung« in dem Sinne, daß etwas Überkommenes (die gegenwärtige Linke und die gegenwärtige Rechte) zerstört wird, aber als etwas Neues (als eine höhere Synthese mit linken und rechten Elementen) weiterlebt.[50]

So wird verständlicher, wenn Michéa die konservative oder reaktionäre Entgegnung auf den Liberalismus ebenso verwirft wie die linke Akzeptanz desselben. Michéa fordert einen transversalen Populismus; einen, der nicht – wie für Michéa viele Konservative und Rechte es anstreben – zurück zu fiktiven Vorstellungen einer vermeintlichen nationalen Idylle will und sich nicht »wirtschaftsfreundlich« geriert; aber Michéa fordert ebenso ein, daß der Populismus keine Offene-Grenzen- oder Multikulti-Rhetorik bedient, wie es das Gros der zeitgenössischen Linken tut. Michéa stellt klar: Der Feind ist das Kapital, und der Motor der Revolte ist das Volk in allen seinen Bestandteilen. Das ist die Quintessenz des Michéa-Populismus, der sich primär entschieden gegen den Souveränitätsverlust des Volkes gegenüber dem nicht greifbaren, aber um so mächtigeren Kapital wendet. Ein Umstand, den Michéa mit Ernesto Laclau und Chantal Mouffe, aber auch mit Alain de Benoist gemein hat. Der Topos der Souveränität erscheint so als das einende Band all der wenigen Denker, die sich positiv auf eine Theorie des Populismus beziehen.

### 2.2.3 Alain de Benoist

Der französische Vordenker der Nouvelle Droite, Alain de Benoist (Jg. 1943), bezieht sich beim Populismus vor allem auf Jean-Claude Michéa, hat aber in den letzten Jahrzehnten auch eigene Ansätze für die Neujustierung einer auf Volkssouveränität fußenden Demokratie formuliert. Benoist ist zwar als »neurechts« einzustufen, sein Populismus somit – im Gegensatz zu Laclau/Mouffe und Michéa – im weiteren Sinne als »Rechtspopulismus«. Benoist selbst schreibt aber, daß die »Spaltung zwischen Rechts und Links« mit der Moderne entstanden und nun dabei sei, »mit ihr zu verschwinden«.[51] Ihm gehe es darum, »eine den Volkswerten treu gebliebene Linke mit einer Rechten zu versöhnen, die ihre eigenen Makel behoben hat«.[52]

In einem Grundsatzbeitrag[53] hat Alain de Benoist seinen Standpunkt umrissen: »Populismus« erscheine nur auf dem Tableau der Tagespolitik, »um zu diskreditieren oder zu disqualifizieren«.[54] Der Mainstream will so die alternativlose Politik seiner selbst als alternativlos verewigen; wer aufbegehrt, ist Anhänger des Populismus, ist demagogisch, im schlimmsten Fall ein Befürworter der Diktatur. Soweit der Kampfbegriff, der aber nicht alleine zähle.

Benoist bestätigt, daß es tatsächlich verschiedenste Populismen gibt. Die Ideengeschichte zeige, daß der Populismus kein Stil sei, sondern »in Wirklichkeit ein System politischer Gedanken« darstelle, »das über ganz eigene Bezüge zur Geschichte und zur politischen Lehre verfügt. Er hat seine Wurzeln in den geistigen Strömungen [...], die das Leben in der Gesellschaft auf der Bürgerpflicht begründeten, der Verantwortung der Staatsbürger und den Gemeinwerten.«[55] Populismus im engeren Sinne ist für Benoist also volksnahe Politik, die sich dann artikuliert, wenn eine politische Legitimationskrise das Establishment erfaßt. In dieser Hinsicht, so Benoist, trage der Populismus in sich eine anti-elitäre Grundlage, »die die Fähigkeit der politischen, administrativen, wirtschaftlichen und kulturellen Eliten in Frage stellt, die Probleme des täglichen Lebens zu regeln«. Der Populismus erscheint so als legitime Reaktion wider den volksfernen Mainstream und seine herrschende Klasse, »die je nachdem als bürokratisch, ineffizient, machtlos, korrumpiert gesehen wird« – anders gesagt: »als abgehoben von der Alltagsrealität«.[56]

Parallel zu diesen Aspekten, so betont Benoist, stelle Populismus ebensosehr »eine Reaktion auf die Auflösung sozialer Bindungen dar, verursacht durch den zunehmenden Individualismus, der die alten organischen Gemeinschaften zerstört hat«. Hinzu komme die ewige Krise des Nationalstaats und die Frage, die auch Laclau/Mouffe und Michéa quält: die Frage der Souveränität. Benoist sieht zwei wesentliche Faktoren für die eingeschränkte Handlungsfähigkeit des Nationalstaats. Dieser habe es zu tun mit einer »Einschränkung von oben durch das Phänomen des sozialen Aufschwungs und durch die Zwänge transnationaler Strukturen« sowie einer »Einschränkung von unten [...] durch die Identitätsansprüche und gelegentlichen Rivalitäten ethnischer Gruppen«.

Hinzu komme die Krise der repräsentativen liberalen Demokratie, die im neoliberalen Zeitalter zur Herrschaft von Technokraten und »Fachleuten« wurde. Nun sei »die Demokratie [...] nichts weiter mehr als ein einfaches Rekrutierungssystem von Staatslenkern, und höre gleichzeitig auf, ein Regime der Verantwortungsübernahme, der Autonomie und der Teilnahme zu sein«. Die Souveränität des Volkes schwinde, und der Schwerpunkt der Macht wandere zu Technokraten und Parteien samt ihrem oligarchischen Apparat.

Der Populismus favorisiere im Regelfall daher eher die direkte, die partizipatorische Demokratie. Aktive Staatsbürgerschaft, der Sinn für Gemeinwohl und gemeinsame Werte, die instinktive Abneigung gegen Finanzkapitalismus und Marktlogik prägen den Populismus. Er erinnere hierbei daran, hebt Alain Benoist hervor, »daß in der Demokratie die Souveränität des Volkes ein unantastbares Prinzip ist. In diesem Sinne drückt er die Ablehnung einer Ideologie aus, die dazu neigt, die Demokratie nur bedingt zu akzeptieren, das heißt, solange die Entscheidungen des souveränen Volkes nicht in Konflikt geraten mit höheren Prinzipien, welche ihrerseits demokratisch nicht gerechtfertigt werden müssen«.[57] Anders gesagt: Der Populismus wendet sich gegen die herrische und arrogante Bevormundungspolitik der Etablierten, die nur dann nach »mehr Demokratie« rufen, wenn es in ihrem Sinne erscheint. Die Verunglimpfung des Populismus durch ebendiese Etablierten, also ihr »Antipopulismus«, außerdem ihre Art und Weise, die »Verachtung für das Volk« und die letztendliche »Geringschätzung für Demokratie Ausdruck zu verleihen«:[58] all das nähre die Genese von neuen Populismen. Solange die Herrschenden also handeln, wie sie handeln, wird es auch populistische Erscheinungen geben.

Alain de Benoists Populismus-Theorie ist mit Laclau/Mouffe und mit Michéa ideenpolitisch weitgehend – wie im ersten Fall – oder fast zur Gänze – wie im zweiten Fall – kongruent, obwohl die genannten Denker aus verschiedenen Lagern und geistesgeschichtlichen Milieus stammen. Der wohl entscheidende Unterschied zwischen Benoist und den linksorientierten Populisten ist letztlich, daß Benoist davon ausgeht, daß eine direktere Demokratie (anstelle der jetzigen, repräsentativ-liberalen) a priori voraussetzt, was Laclau und Mouffe beispielsweise leugnen: die »Existenz eines relativ homogenen Volkes«, »das sich dessen bewußt ist, was es eigentlich ist«.[59] Laclau/Mouffe und Michéa wollen ein »Volk« konstruieren, das sich in gemeinsamen gesellschaftlichen Kämpfen (z. B. gegen eine volksferne Elite) aus sozialen Gruppen und Einzelpersonen breiter Schichten konstituiert; Benoist demgegenüber weist darauf hin, daß es von Geburt an ein »Schon-Vorhandenes« gebe, »einen Hintergrund, der den Rahmen bildet für die Konstruktion des Selbst«[60] – eben ein Volk nicht nur im Sinne von *demos*, sondern auch (aber wiederum nicht ausschließlich) im Sinne von *ethnos*.

In der gegenwärtigen herrschenden (Un-)Ordnung der Europäischen Union und der entpolitisierten Technokratie des Liberalkapitalismus sieht Alain de Benoist nun die Stunde des Volkes, ja die Stunde des Populismus gekommen; er formiere sich als »Bewegung neuen Typs«,[61] als Revolte des Volkes gegen die »classe dirigeante«, die herrschende politische Klasse, als Revolte der Gemeinschaftsbefürworter gegen die liberale Hegemonie und ihre individualistische Paradigmen, als Revolte der Globalisierungskritiker – ob links oder rechts – gegen die »Globalisten« jeder Couleur.[62] Wie Laclau/Mouffe und Michéa sieht Benoist den populistischen Moment auch deshalb gekommen, weil die Völker nicht mehr länger akzeptieren, daß das Ideal der liberalen Ordnung in seinen realpolitischen Konsequenzen »Regieren ohne das Volk« oder aber, wie in einigen Mitgliedsstaaten der EU, sogar »Regieren gegen das Volk« bedeutet.[63]

# 3. Populismus in der politischen Praxis

### 3.1 Rechtspopulismus

Das Gespenst des Populismus erscheint den Geängstigten der »Mitte« und ihrer linken Ausläufer meist als »Rechtspopulismus«. Diese These gilt speziell für die Bundesrepublik Deutschland. Ein »Rechtspopulismus«-Abruf bei Google Deutschland ergibt direkt über 500 000 Suchergebnisse.

3.1.1 Deutschland: Das ewige Gespenst
Der »Hype« um Rechtspopulismus im wiedervereinigten Deutschland begann zweifellos mit dem Auftreten Ronald B. Schills im Jahr 2001. Wie aus dem sprichwörtlichen »Nichts« trat der als »Richter Gnadenlos« bekanntgewordene Hamburger Jurist auf die politische Bühne. Mit klassischen »Law and Order«-Themen der inneren Sicherheit und zugespitzten Äußerungen in regionalen und überregionalen Medien zu Migration, Drogenkonsum und Establishment gelang Schills im selben Jahr gegründeter Partei Rechtsstaatlicher Offensive (PRO) – oder einfach Schill-Partei – ein aufsehenerregender Erfolg. Aus dem Stand erzielte man im traditionell roten bzw. sozialdemokratischen Hamburg 19,4 Prozent der Stimmen.

Gemäß der kritischen bis antifaschistischen Rechtspopulismus-Ansätze von Jan-Werner Müller, Florian Hartleb, Karin Priester und Co. hätten sich Schills Parteigänger nun als populistische Protestler gegen die Politikerkaste in der Hamburgischen Bürgerschaft formieren müssen. Statt dessen entschied sich Schill für die Kooperation um jeden Preis; es kam zu einer Koalitionsbildung mit Christ- und Freidemokraten. Schill wurde Innensenator und zweiter Bürgermeister unter Ole von Beust (CDU), mit dem es nach persönlichen Zerwürfnissen zum Bruch kam. 2004 wurde die Koalition aufgelöst. Die PRO zerfiel rasch, Versuche regionaler Expansionen waren zuvor bereits gescheitert; bei der Folgewahl erzielte Schills Truppe weniger als ein halbes Prozent der Stimmen.[64]

Die Schill-Partei erwies sich nicht nur als »regional beschränktes Strohfeuer« (Hartleb), sondern als schlechtes Beispiel für genuin rechten Populismus, auch wenn es bis dato keine Einschätzung gibt, die an der »rechten« Provenienz Schills zweifeln mag, und obwohl Schills Partei bis heute in allen Standardwerken als das bundesdeutsche Musterbeispiel für den Aufstieg und Fall des Rechtspopulismus stilisiert wird.

Doch was vertrat Schills Partei bzw. »Richter Gnadenlos« und mit welchen Mitteln? Schill wurde wesentlich von der Boulevardpresse der Hansestadt zu einem politischen Symbol gegen Laisser-faire-Innenpolitik und Sozi-Dauerherrschaft stilisiert. Das einzige Thema, das landläufig als »rechts« zu klassifizieren wäre, ist denn auch das Thema der strengen Kriminalitätsbekämpfung, das

Schill mit drakonischen Worten – wiedergegeben und inszeniert durch *Bild* und Co. – angehen wollte. In der Koalitionsrealität war das Thema rasch vom Tisch; er selbst wurde als Kokainkonsument enttarnt und somit entzaubert.

Das Phänomen Schill ist dennoch interessant, denn es zeigt, wie das Gespenst des Rechtspopulismus Ängste und Sorgen, aber auch wütende Gegenreaktionen innerhalb des politischen und medialen Establishments hervorruft, auch wenn es sich eben nur um ein Gespenst im Sinne eines Phantasmas handelt. Denn Schill war nicht nur Produkt des Wohlwollens der Boulevardpresse, die ihn ebenso populär machte wie seine auf Emotionen basierende Kommunikation, sondern er vertrat mit Ausnahme der Kriminalitätsbekämpfung in keiner Phase konfrontative Inhalte, die dem Mainstream grundsätzlich zuwiderliefen; er verfügte noch nicht einmal über eine »dünne Ideologie« (vgl. Michael Freeden oder Karin Priester).

Ronald Schill war als Befürworter der Westbindung, der NATO, der Marktwirtschaft, der multikulturellen Gesellschaft, der antifaschistisch grundierten Vergangenheitspolitik und des Kampfes gegen rechts durchaus Teil des bundesdeutschen Grundkonsenses. Daß er dennoch zur Persona non grata wurde, lag also nicht an populistischen Inhalten, d.h. an populistischen Standpunkten weltanschaulicher Natur, sondern an einem anderen wesentlichen Punkt: an seinem populistischen Stil. Dieser war einerseits davon geprägt, mit markigen Auftritten eine Verschärfung des Strafrechts und seiner Anwendung zu fordern. Andererseits bediente er erstmals seit Franz Schönhuber und den Republikanern eine »Gegen die da oben«-Rhetorik, die als fundamentale Opposition zu ebenjenen »da oben« mißverstanden werden konnte. Allein, Schill wollte die Grundparadigmen der politischen Elite nicht berühren; er wollte lediglich selbst in den Genuß einer Elitenfunktion kommen und nutzte für den Weg nach oben die Kunst des massenmedial wirksamen Skandalons.

Die rasche Entzauberung Schills sorgte für eine anhaltende Nacht des Rechtspopulismus in Deutschland. Kleinere regionale Erfolge »nach Schill« entstandener rechtspopulistischer Parteien wie Pro NRW oder deren Kölner Dependance konnten daran nichts ändern, und sie sind mittlerweile im 0,X-Prozent-Bereich versenkt worden.[65] Andere dezidiert rechtspopulistische Formationen wie Die Freiheit kamen erst gar nicht zu lokalen oder regionalen Achtungserfolgen im Stile der Pro-Bürgerbewegungen.

Die Geschichte der rechtspopulistischen Bewegungen in Deutschland ist also – einstweilen – eine Geschichte des Scheiterns. Florian Hartleb macht hierfür vor allem folgende Faktoren verantwortlich: die »Schatten der Vergangenheit« in Form von NS-Belastung der politischen Rechten; fehlende charismatische Persönlichkeiten; die gute wirtschaftliche Lage des Landes; eine relevante Integrationskraft der Volksparteien; die Fünfprozenthürde; effektives »Krisenmanagement« seitens der etablierten Parteien mit ihren Netzwerkstrukturen (Stiftungen usw.).[66] Im Jahr, in dem Hartleb dies schreibt – 2017 –, ist davon freilich nicht viel übrig. Was das für die Gegenwart bedeutet und für die Zukunft bedeuten kann, wird in Kapitel 4 eigens untersucht. Warum alle diese Faktoren in Österreich keine oder aber eine andere Rolle spielen, soll nun aufgezeigt werden.

### 3.1.2 Österreich: Von Haider zu Strache

In Österreich gab es bereits relativ kurz nach dem Zweiten Weltkrieg das, was in Deutschland bis zur Genese der AfD fehlte: eine parlamentarisch fest verankerte Rechtspartei. Die Freiheitliche Partei Österreichs (FPÖ) versammelte ab 1955 das sogenannte Dritte Lager jenseits von Sozialdemokraten (SPÖ) und den Liberalkonservativen der Österreichischen Volkspartei (ÖVP). Diese weltanschaulich nationalfreiheitliche und rechtskonservative Partei, die in den 1960er und 1970er Jahren noch deutschnational und liberal zugleich orientiert war, wurde Mitte der 1980er Jahre einer gründlichen Veränderung unterworfen, als man Jörg Haider zum Vorsitzenden wählte.

Erst mit Haider, seinem neuen Stil – intensive Bürgernähe, Zuspitzung, Emotionalisierung – sowie seiner »Fähigkeit, im Kontext der Opposition zwischen ›dem Volk‹ und den ›Konsens-Eliten‹ einen mächtigen Pol kollektiver Identifikation zu schaffen«,[67] zog der »Rechtspopulismus« in Österreich ein. Haider formierte die Partei um, stellte seine eigene Person in den Vordergrund und begriff als einer der ersten, welche Chancen die neue Mediengesellschaft ihm bot; bei den österreichischen Nationalratswahlen nach Haiders parteiinterner Revolution konnte konstant an Stimmen hinzugewonnen werden (vor Haider 1983: ca. 5%, mit Haider 1986: ca. 10%, 1994: 22,5%, 1995: ca. 22%, 1999: ca. 27%). Im Jahr 2000 führte Haider die Freiheitlichen in eine Regierungskoalition mit der ÖVP; er selbst war nicht an der Regierung beteiligt, sorgte aber immer wieder für europaweite politische Auseinandersetzungen. Die EU versuchte sogar, mit Sanktionsmaßnahmen die allzu forschen Freiheitlichen zu stoppen.

Als Regierungspartei verlor die FPÖ indes einen Teil ihres Wählerpotentials; 2002 kam sie nur noch auf rund zehn Prozent der Stimmen und halbierte die Ministerzahl (von sechs auf drei) in der weitergeführten schwarz-blauen Koalition. Die Konflikte nahmen aber auch innerhalb der Partei zu, die dann – ohne diese Parteidifferenzen an dieser Stelle ausgiebig zu analysieren – im Frühjahr 2005 dazu führten, daß sich eine regierungsorientierte Fraktion als Bündnis Zukunft Österreich (BZÖ) mit Haider an der Spitze konstituierte und sich von der »alten« FPÖ separierte, in der nun wieder oppositionelle Strömungen Oberwasser hatten, die (mehr) an Inhalten und Weltanschauungsfragen Interesse zeigten, während das BZÖ offenbar nach der Devise »Regieren um jeden Preis« arbeitete.

Heute, zwölf Jahre später, ist das BZÖ längst Geschichte und die FPÖ ohne den 2008 verunglückten Haider unter ihrem – nicht minder charismatischen – Vorsitzenden Heinz-Christian Strache seit 2015 konstant umfragenstärkste Partei. Erzielte sie 2013 bei den Nationalratswahlen etwa 20 Prozent, steht sie in repräsentativen Umfragen mittlerweile bei bis zu 35 Prozent und somit vor den regierenden Parteien SPÖ und ÖVP. Im Dezember 2016 verlor der Präsidentschaftskandidat der Freiheitlichen, Norbert Hofer, nur äußerst knapp die Wiederholung der Stichwahl gegen den grünen Gemeinschaftskandidaten aller anderen Parteien.

Das Beispiel Österreich zeigt, daß das Establishment verschiedene Taktiken anwendet, um unliebsame, populistische Parteien zu isolieren bzw. zu bekämpfen. Funktioniert das klassische Ausgrenzen nicht mehr, ist eine Partei zu stark geworden, versucht man einen kollaborationsbereiten Flügel herauszulösen, um die authentische Opposition zu unterminieren. Johannes Agnoli hob bereits 1967 hervor, daß es dem bürgerlich-liberalen Denken innewohne, den »Lockvogel der politischen ›Verantwortung‹«[68] gegenüber den noch ungezähmten oppositionellen Kreisen einzusetzen, sie also verhandlungsbereit zu machen, um ihnen die entscheidenden, wirklich oppositionellen Ideen um der Regierungsfähigkeit willen auszutreiben.

Die Vorgehensweise hierbei ist evident, und Agnolis Theorie wurde in Haiders FPÖ-Praxis bewiesen: Das etablierte Kartell von Kräften aus Politik und Medien arbeitet daran, jede sich bildende Fundamentalopposition abzuschwächen und sukzessive Gesprächsbereitschaft in Richtung der »gemäßigteren« oder gesprächsbereiten Insurgenten zu signalisieren. Wenn für Teile der jeweiligen Protestpartei die Gefühle des Widerspruchs parlamentarisch (oder gar koalitionär) vertreten zu sein scheinen, wenn für Teile dieser Opposition immerhin einige Ziele durch Annäherung an die »Mitte« durchsetzbar und schließlich einige Forderungen verhandelbar zu sein scheinen, erhöhe sich, so Agnoli, »die Bereitschaft zur Untätigkeit«, denn man ist scheinbar angekommen.[69] Der etablierte Parteienblock stabilisiert dabei seine Herrschaft, wenn die Opposition beginnt, Teil des Ganzen zu werden, sich anschmiegt, abschwächt, mitspielt. Die FPÖ hat dieses doppelte Vereinnahmungs- und Spaltungsprojekt überlebt; es hat die Partei aber um Jahre zurückgeworfen und für persönliche wie politische Zerwürfnisse gesorgt.

Ihre Zukunftsfähigkeit verdankt die FPÖ dagegen einem klaren weltanschaulichen Profil. Als »soziale Heimatpartei« ist sie nicht »nur« patriotisch und heimatverbunden, sondern auch dezidiert sozial orientiert und füllt als sprichwörtlicher »Anwalt des kleinen Mannes« das Vakuum, das die multikulturalistische und urbane Großstadtsozialdemokratie bei ihrer Preisgabe der sozialen Frage entstehen lassen hat. Folgerichtig ist die einst als ausschließlich rechte Akademikerpartei dargestellte FPÖ stärkste Partei unter Arbeitern.[70] Als Weltanschauungspartei mit moderner Außendarstellung verfügt die FPÖ über klare Standpunkte. Anders als beispielsweise die deutsche Erscheinung der Schill-Partei, die noch nicht mal über eine »dünne Ideologie« verfügte, steht die FPÖ in einer nationalfreiheitlichen Traditionslinie; ein Erbe, das immer wieder reformuliert und aktualisiert, dabei aber nie gänzlich über Bord geworfen wird.

Als rechtspopulistische Partei im positiven Sinne ist sie in Österreich die Verkörperung dessen, was Alain de Benoist als naheliegende Reaktion auf drohenden Identitäts- und Souveränitätsverlust eines Landes diagnostizierte: eine kräftige Gegenbewegung, deren Anspruch keine Politik für Minderheiten ist, sondern für breite Schichten, für den sprichwörtlichen Otto Normalbürger, dessen Protest gegen das Durchregieren von oben durch eine als abgehoben wahrgenommene politische, wirtschaftliche und mediale Kaste in freiheitliche Bahnen gelenkt wird. Der Spagat zwischen weltanschaulicher Gebundenheit, populistischem Stil und populistischer (hier im Sinne von dezidiert volksnaher) Politik scheint somit derzeit in Österreich zu gelingen. Das Vorbild der FPÖ wird hierbei oft mit ähnlichen Erscheinungen in den Niederlanden verglichen. Das ist nicht immer stringent.

3.1.3 Niederlande: Fortuyn und Wilders
Während die Freiheitlichen in Österreich im Jahr 2002 auf zehn Prozent fielen, herrschte in den Niederlanden zur selben Zeit helle Aufregung: Pim Fortuyn, Spitzenkandidat seiner eigenen islamkritischen, prowestlichen und wirtschaftsliberalen Plattform, der Liste Pim Fortuyn (LPF), wurde von linken Medien zunächst als »Rassist« dämonisiert und dann im Mai des Jahres von einem linksextremen Terroristen ermordet. Die Anhänger Fortuyns formierten sich neu und erzielten in einem zum Teil geschockten Land 17 Prozent. Die LPF zerstritt sich und zerfiel nach dem Wahlerfolg rasch.

Es zeigte sich, daß die Partei nur auf den charismatischen homosexuellen Soziologen zugeschnitten war, aber daß ihre Anhänger darüber hinaus kein gemeinsames Fundament der politischen Zusammenarbeit besaßen. Selbst eine »dünne Ideologie« als Grundkonsens fehlte; Fortuyns Agitation gegen »den Islam« als ultimativen Feind der westlichen, liberalen, offenen und multikulturellen Gesellschaft war das einzige einigende Band. Gleichwohl bewies der Erfolg der Fortuyn-Gruppe, daß in den Niederlanden ein großes Reservoir aktivierbarer Wählerstimmen für eine Formation vorlag, die sich – zumindest in fundamentalen Teilaspekten – gegen den Mainstream des politischen Betriebs zu stellen wagten.

Vier Jahre nach dem Tod Fortuyns wurde von Geert Wilders die Partei für die Freiheit (PVV) gegründet. Da die Niederlande kein Parteiengesetz oder ähnliches kennen, war es ihm möglich, die Partei so aufzustellen, daß nur er allein sowie die ebenfalls gegründete Parteistiftung Mitglieder werden konnte. Aus dem Stand erzielte der marktliberale Islamkritiker fast sechs Prozent der Stimmen. Sein symbiotisches Verhältnis zu den Medien – hier trifft die Kritik einiger Populismusforscher zu – half ihm, die Stellung seiner Ein-Mann-Partei auszubauen; 2010 erzielte er bereits 15,5 Prozent und wirkte prompt als Stütze für eine Minderheitsregierung. Ein Umstand, der wiederum gegen die gängigen Populismus-Definitionen spricht und auch dem als Gegner des Establishments angetretenen Wilders schadete. Zwei Jahre später, als die Koalition zerbrach, fiel er folgerichtig auf zehn Prozent der Stimmen. Im März 2017 konnte Wilders wieder zulegen; die erreichten 13 Prozent blieben aber deutlich unter den eigenen (und gegnerischen) Erwartungen.

Obwohl Wilders in allen gängigen Populismus-Studien als Prototyp eines populistischen Politikers vorgestellt wird, müssen nach den angezeigten Definitionen der vorliegenden Studie Zweifel angemeldet werden. Bei Wilders steht etwa nicht »das Volk« oder eine bestimmte populäre Klasse desselben im Fokus. Er argumentiert nicht per se gegen das mediale und politische Establishment, dem er selbst entstammt, lehnt in keinem Fall wirtschaftliche (er ist marktliberal), außenpolitische (er ist erklärter Anhänger der NATO) oder gesellschaftsrelevante Grundbausteine der niederländischen Politik ab.

Gemeinsam mit linken Parteien sorgte er beispielsweise dafür, homosexuellen Paaren die »Ehe«-Schließung zu erleichtern, spricht sich zudem weiterhin für die offene und »bunte« Gesellschaft aus. Alles, was Wilders als Populisten erscheinen läßt, ist die konstante Negativfixierung auf den Islam (und seine meist marokkanischen Gläubigen in den Niederlanden) als »Totalitarismus des 21. Jahrhunderts« sowie die Ablehnung der Brüsseler Bürokratie, die aber freilich wiederum daher rührt, daß die EU zu islamfreundlich agiere. Wilders verspricht, die Unzufriedenheit vieler Niederländer zu kurieren, indem er die Islamisierung stoppen, aber ansonsten alles – Multikulti, offene Gesellschaft, Transatlantismus etc. – pflichtschuldig beim alten belassen werde.

Ein solches Verhalten seitens Wilders' reicht zwar aus, um von linken Medien als »Rechtspopulist« dargestellt zu werden, und führt dazu, daß ihn dies- und jenseits der Niederlande Gegner des herrschenden Blocks als »einen der ihren« einstufen, wie etwa Teile der AfD, fällt aber deutlich hinter die Möglichkeiten und vor allem Wahlergebnisse zurück, die beispielsweise eine FPÖ mit ihrem an eine Weltanschauung und an breite Schichten des Volkes rückgebundenen »Rechtspopulismus« erreicht, der mehr als nur ein einziges Thema kennt. Auch bei den belgischen Nachbarn von Wilders sieht es diesbezüglich anders aus.

Der Vlaams Belang (VB) ist dabei keine genuin rechtspopulistische, sondern eher eine traditionelle Rechtspartei mit modernen, teils als populistisch geltenden Stilelementen. Ihr Ziel eines unabhängigen Flandern ist als primär anzusehen, Masseneinwanderung wird aber als bedrohlich abgelehnt. Als separatistische Kleinpartei, die derzeit belgienweit nur 3,7 Prozent und in ihrer Stammregion Flandern nur rund sechs Prozent der Stimmen erreichen kann, ist sie zwar fest in den kulturellen und politischen Sphären der Flamen verwurzelt, aber kein Beispielmodell für erfolgreichen »Rechtspopulismus« außerhalb Belgiens – ganz anders als eine französische Formation.

### 3.1.4 Frankreich: Der Front National und der »Nationalpopulismus«

Auch für Frankreich war das Jahr 2002 – wie für die ebenfalls hier skizzierten Fälle Österreich und Niederlande – eine Zäsur. Jean-Marie Le Pen, der Gründer und Motor des Front National (FN), kandidierte zur Präsidentschaftswahl gegen mehr als ein Dutzend Kandidaten. Er erreichte – knapp hinter Jacques Chirac – fast 17 Prozent der Stimmen. Zur Stichwahl mobilisierten alle Parteien unabhängig der politischen Herkunft gegen den FN-Kandidaten. Le Pen unterlag deutlich und erzielte nur 17,8 Prozent. Bereits damals, im April 2002, warb die Anti-FN-Einheitsfront von Trotzkisten bis zu Christlich-Konservativen mit Sprüchen wie »Besser eine Bananenrepublik als ein faschistisches Frankreich«.[71] Die mal so banal, mal komplexer aufrechterhaltene Dichotomie »Gut« gegen »Böse« war und ist dezidert vorgegeben in der Tradition der Fünften Französischen Republik, die den FN als bereits 1972 gegründete Rechtspartei einfach nicht los wird.

Dabei war die Partei nicht von Beginn an ein »Trendsetter des Rechtspopulismus« (Florian Hartleb), sondern in den ersten Jahren nur eine Sammlung von unterschiedlichen Strömungen der radikalen Rechten. In den 1980er Jahren begann sukzessive das Wachstum des FN, erlebte in den 1990er Jahren ein Auf und Ab, bevor 2002 das besagte Duell mit Chirac erreicht werden konnte. Die Zeit nach dieser Generalmobilmachung gegen den FN war für ihn eine schwere Phase. Richtungskämpfe erschütterten seine Reihen, persönliche Querelen kamen hinzu. Erst 2012 gelang dank einer vollumfänglichen Modernisierung – Außendarstellung, innere Struktur, Programmatik – ein regelrechtes Comeback.[72]

Unter Marine Le Pen, der Tochter des »patron« Jean-Marie, die seit 2011 die Geschicke der Partei leitet, wurde alte Stärke erreicht bzw. übertroffen. Bei der Präsidentschaftswahl von 2012 gelang Marine Le Pen ein Achtungserfolg von 17,9 Prozent, sie kam aber nicht in die Stichwahl. Noch wichtiger als dieses Wahlergebnis war aber die Arbeit vor Ort, in den Dörfern, Gemeinden, Städten, in den Departements. Der FN löste sich von »altrechten« Zöpfen und durchbrach – mit einem sozialorientierten Patriotismus nach innen und einem nationalen Souveränismus nach außen – den klassischen *Cordon sanitaire* des politischen und medialen Establishments, verankerte sich vor Ort als »greifbare«, sich kümmernde Wahlalternative und entkam so bei weiten Teilen der Franzosen der Dämonisierung, für deren vormalige Zementierung Jean-Marie Le Pen verantwortlich gemacht wurde.

Zwischen 2012 und 2017 machte der FN eine personelle wie gestalterische Frischzellenkur durch, wobei traditionell »nationalistische« oder »altrechte« Agitationsweisen zugunsten eines modern gestalteten, volksnahen, populistischen Diskurses aufgegeben wurden. Diese erfolgreichen Bemühungen kulminierten am 23. April 2017 im Präsidentschaftswahlergebnis der Spitzenkandidatin Marine Le Pen; sie erzielte 21,3 Prozent der Stimmen und mußte sich damit nur dem Wirtschaftsliberalen Emmanuel Macron geschlagen geben, der auf 24 Prozent der Stimmen kam. Die eigentliche Überraschung war aber die Marginalisierung anderer etablierter politischer Kräfte, darunter der Sozialdemokratie, deren Kandidat Benoît Hamon auf mickrige 6,4 Prozent kam, aber auch der (Neo-)Konservativen, die mit François Fillon in den Wahlkampf zogen und mit 20 Prozent scheiterten. Auch wenn der Wahlsieg Macrons im zweiten Wahlgang am 7. Mai 2017 mit circa 65 zu 35 Prozent erwartbar deutlich ausfiel: ein Grund zum Feiern für das Establishment ist dieses Ergebnis nicht. Nur eine Allparteienallianz von Trotzkismus bis Liberalkonservatismus konnte gemeinsam den Front National besiegen; der FN erscheint damit allen Unzufriedenen der Gegenwart – vor allem aber auch der Zukunft – als einzige dezidierte Opposition zum Bestehenden.

Bereits nach dem ersten Wahlgang wurde einiges deutlich, darunter eine regionale Polarisierung der Lager. Das Frankreich, das Marine Le Pen und dem Front National den Vorzug gab, verläuft vom deindustrialisierten Norden (von Calais bis Lille) über das Kohle- und Stahlgebiet im Osten (Lothringen usw.) bis in den französischen Südraum (von Perpignan an der spanischen bis Nizza kurz vor der italienischen Grenze, einschließlich der Insel Korsika). Es wurde hervorgehoben,[73] daß es das Frankreich der »Peripherie« gewesen sei, das Le Pen die Stimme gegeben habe, also jenseits von Paris und Lyon oder Bordeaux und Toulouse. In diesen Städten und ihren umliegenden Gemeinden liegen denn auch die Hochburgen Macrons, der auf kosmopolitische, wirtschaftsliberale und multikulturelle Akzente setzte. Le Pen hingegen agierte »klassisch populistisch« in jenem Sinne der Definitionen, daß sie die Zuspitzung – die »Kandidatin des Volkes« gegen den »Kandidaten der Oligarchie« – praktizierte, daß sie mit Globalisierungs-, Eliten-, EU-, Multikulturalismus- und Kapitalismuskritik in den Wahlkampf zog. Einmal mehr vermengte sie »linke« und »rechte« Inhalte zu einer neuen Synthese des Front National und konnte so die unteren und mittleren Schichten aktivieren, denen der neoliberal denkende und handelnde Macron zu abgehoben und volksfern galt.

Die auf den ersten Wahlgang folgende Massenmobilisierung des gesamten politischen Spektrums links des FN erinnerte an das Anti-FPÖ-Wahlkampftreiben des Establishments in Österreichs. In Frankreich war aber die Berichterstattung der Medien noch parteiischer zugunsten Macrons; im Netz kursierte ein Foto aus einem Kiosk, wo etwa 15 Zeitschriften und Magazine auslagen – sie alle, so unterschiedlicher Fasson sie auch waren, zeigten den Le Pen-Gegner Macron auf dem Titelblatt. Wenn dem Front National also vorgeworfen wird, er agiere populistisch, da er sich sowohl gegen das gesamte politische als auch mediale Establishment stellt, so fällt der Vorwurf freilich auf die Urheber zurück, die den FN wieder zurück in die »braune Schmuddelecke« rücken möchten – koste es, was es wolle. So einfach wird diese Brandmarkung aber nicht mehr gelingen können, da unter Marine Le Pen der Front National neue Wählerschichten erschließen konnte, die jenseits der traditionellen FN-Sympathisanten (Algerienfranzosen im Mittelmeerraum bspw.) zu verorten sind. Besonders gelang die vor etwa zehn Jahren einsetzende FN-Expansion nämlich in Richtung der »popularen Klassen«.

Für diese Entwicklung beispielhaft liest sich Didier Eribons Erfolgswerk *Rückkehr nach Reims*, das in Frankreich schon 2009, in deutscher Übersetzung aber erst sieben Jahre später erschien.[74] Eribon, der linksintellektuell-republikanisch zu verorten ist, kehrt zurück in seine »proletarische« Heimat. Dort haben sich die sozial schwächeren Schichten längst von ihren ehemaligen politischen Heimathäfen der Sozialdemokraten/Sozialisten und Kommunisten abgewandt und dem Front National zugewandt. Eribon muß erfahren, wie konkret sich die linken Parteien und Bewegungen von den prekarisierten Gesellschaftsklassen abgenabelt haben und die Lebensrealität der Menschen im Zuge intellektueller Selbstreferentialität verdrängen oder leugnen. Daher sei es gewissermaßen »eine Art politische Notwehr der unteren Schichten«,[75] sich einer nun sozial aufgestellten Rechten anzunähern. Diese Annäherung fand zweifellos statt und zeigt sich bisher als stabil. Das liegt nicht nur am Fehlverhalten der linken Parteien und der Untätigkeit der Liberalkonservativen, sondern vor allem an einem Rechtspopulismus Marke FN, der – ähnlich wie im Falle der FPÖ – eine klare souveränistische, patriotische und dezidiert soziale Weltanschauung mit populistischen Stilelementen verbindet. Diese Liaison scheint einstweilen das rechtspopulistische Erfolgsrezept in Westeuropa zu sein.

**3.2 Linkspopulismus**

Neben dem Rechtspopulismus des Front National, der qua seiner »sozialnationalen« Standpunkte bisweilen in einen »transversalen« oder »Querfront«-Populismus übergeht, gibt es in Frankreich indes auch eine andere Spielart des Populismus: die linke.

3.2.1 Frankreichs Linksfront
Ein starker linker Populismus, der sich in direkter geographischer Nähe zu einem starken rechten Populismus entfaltet, ist wohl nicht zufällig nur in Frankreich möglich, wo die »Wertschätzung des Konflikts«[76] einen ganz anderen Stellenwert als anderswo besitzt. Um einen »starken« Linkspopulismus handelt es sich schon deshalb, weil Jean-Luc Mélenchon als Spitzenkandidat des Wahlbündnisses »Das aufsässige Frankreich« (La France insoumise), dessen Kern durch die Linksfront (Front de gauche) gestellt wird, respektable 19,58 Prozent erreichte und somit nicht nur die Sozialdemokraten weit hinter sich ließ, wenngleich es aufgrund Le Pens Stärke nicht für die Stichwahl gegen Macron reichte.

Ähnlich wie beim Front National liegt auch beim Front de gauche eine klare Weltanschauung zugrunde, für deren Verbreitung man einerseits »popular« im Sinne von volksnah auftritt und andererseits einen bisweilen populistischen Stil der Auseinandersetzung mit den politischen Gegnern wählt. Mélenchon als Kopf der Linksfront, deren jüngere und studentische Strömungen sich bisweilen an seinem zu stark zur Schau gestellten Populismus reiben, fordert dabei seit Jahren eine »Bürgerrevolution«, die weit mehr darstellen solle als nur eine »Bürgerpartizipation«. 2010 forderte er bereits »Platz dem Volk! Übernehmt die Macht!« und agitierte direkt gegen die »Oligarchen« und, im weiteren Sinne, das politische und mediale Establishment. Er bestätigte, daß er Populist sei, ruderte aber auf parteiinterne Kritik hin zurück und sagte, er sei volksverbunden (»populaire«), nicht aber populistisch.

Jenseits dieser Begriffsdebatte kann – mit Karin Priester[77] – festgestellt werden, was an Mélenchons Ansichten und Äußerungen »populistisch« ist. Zunächst ist die Anrufung eines allgemeinen Willens zu nennen, des Gemeinwohls, das von der herrschenden Elite ignoriert werde. Emotionale Schlagwörter sind ein weiterer Aspekt, vor allem aber die Betonung eines »Wir« gegen die »anderen«, wobei – ähnlich zu Le Pen – die Anderen durch die Macht des Geldes, die Macht Brüssels, die Macht »der da oben« verkörpert werden. Auch ein weiterer Aspekt, der ursprünglich bei Marine Le Pen bzw. Rechtspopulisten heimisch war und ist, kann bei Mélenchon beobachtet werden: die Tendenz zur Fortschrittsskepsis, das Thema des Verfalls und Niedergangs von Werten und Sitten, Sicherheit und Arbeitsmarktstabilität. Daß Mélenchon mit Formeln wie »Es lebe das französische Volk!« oder »Das Volk will die Macht« warb, kommt als weitere Begriffsähnlichkeit hinzu.

Bei soviel Themen- und Begriffskongruenz zwischen Rechts- und Linkspopulisten in Frankreich, die zusammen ja immerhin 40 Prozent der Stimmen in der ersten Runde der Präsidentschaftswahl 2017 gewannen, liegt es nahe, daß Persönlichkeiten aus dem Establishment, das sich nun von zwei Seiten bedroht sieht, Kritik üben. Didier Eribon etwa monierte in einem weithin rezipierten Essay,[78] wie gefährlich der Diskurs à la Mélenchon sei, eben weil er so nahe an demjenigen Le Pens sei. Eribon warnte vor der populistischen Frontstellung »Volk« gegen »Elite«; man bringe »damit Begriffe oder, besser, Affekte in Umlauf, die man nur mit größter Vorsicht verwenden sollte, weil sie sich ganz schnell mit Bedeutungen aufladen lassen, die man vermeiden wollte«.

Auch das neue nationalsouveränistische Element, das Mélenchon aufbot (und das teilweise mit antideutschen Stereotypen spielt, die man eher aus der französischen alten Rechten kennt), macht etablierten Linksliberalen angst. »Wenn ich höre, wie Jean-Luc Mélenchon auf Veranstaltungen, bei denen die französische Fahne geschwenkt wird, die Nation verklärt und von einem ›großen mächtigen Land‹ spricht, das ›seinen Platz in der Welt‹ wiederfinden soll, dann wird mir ziemlich unwohl. Das sind gefährliche Phantasmen, mit denen man die nationalistischen Leidenschaften eher befeuert, als sie zu bekämpfen. Diese Art des Linkspopulismus muß man unbedingt zurückweisen«,[79] meint Eribon spürbar erregt.

Der Fall Mélenchon zeigt, daß Alain de Benoist zuzustimmen ist: In diesen spezifischen zeitgenössischen Konstellationen endet die klassische politische

»Gesäßgeographie«, zumindest hier heißt es: rechts und links, das war einmal. Denn die von Benoist diagnostizierte Revolte des Volkes gegen die herrschende politische Klasse, als Revolte der Gemeinschaftsbefürworter gegen die liberale Hegemonie und ihre individualistischen Paradigmen, als Revolte der Globalisierungskritiker gegen die »Globalisten« jeder Couleur – sie findet sich bei Le Pen und bei Mélenchon, beim Front National und beim Front de gauche. Diese Gemeinsamkeiten sind eher den Links- als den Rechtspopulisten unangenehm.

Als Le Pen in die Stichwahl gegen den Neoliberalen Macron zog, appellierte sie an die Wähler Mélenchons und druckte eigens für sie Flugblätter mit dem Titel »Die gemeinsame Zukunft ist mit Marine«. Aufgelistet wurden sieben entscheidende Wahlziele Mélenchons, die Le Pen versprach, in seinem Sinne anzugehen, »darunter die Rente mit 60, ein Ausstieg aus der NATO, eine Rücknahme der Arbeitsrechtsreform der sozialistischen Arbeitsministerin El Khomri sowie ein Leiharbeiter-Verbot«.[80] In Spanien hingegen fehlt eine rechtspopulistische Kraft wie der Front National, der um fast ebenbürtige Linkspopulisten wirbt; im »populistischen« Bereich dominiert dort die Linke sogar alleine.

3.2.2 Spanien: Podemos oder Laclau in Aktion
Die linkspopulistische Formation Podemos (»Wir können«) ist ein Produkt der europäischen im allgemeinen und der spanischen Finanz- und Wirtschaftskrise im besonderen. Entstanden erst im Frühjahr 2014, liegen die Wurzeln von Podemos in den Krisenjahren 2011/2012, als die außerparlamentarische Bewegung der Indignados (»Empörte«) vor allem jugendlichen, diffus linken Protest auf die Straßen der spanischen Städte trug. Pablo Iglesias, heute Generalsekretär von Podemos und das Gesicht der zur Partei gewordenen alternativen Linken, zog aus den Massenprotesten die Schlußfolgerung, daß neben dem außerparlamentarischen Spielbein nun ein parlamentarisches Standbein zu folgen habe.

Neben Fachfragen (Ausrichtung der spanischen Politik auf Immobilien- und Baubranche, Austeritätspolitik, Massenarbeitslosigkeit) setzt Podemos bewußt auf populistische Theorie und Praxis.[81] Iglesias und Co. vertreten seit 2014 zugespitzte Positionen in bezug auf die »Kaste« der Politiker und ihnen tatsächlich oder vermeintlich höriger Journalisten, die abgehoben vom »Volk« agiere und durch Korruption und Kleptokratie gekennzeichnet sei. Der Begriff der »Kaste« ist dabei elementarer Bestandteil der Podemos-Verlautbarungen; er wirkt integrierend auf Unzufriedene jeder Couleur und jeder gesellschaftlichen Schicht, die aus ganz unterschiedlichen Motiven die Machenschaften der herrschenden »Kaste« ablehnen und sich in dieser Ablehnung verbunden mit vielen anderen Menschen wissen, womit Podemos klassisch populistisch agiert.

Íñigo Errejón, Politikwissenschaftler und »Nummer zwei« von Podemos nach Pablo Iglesias, ist verantwortlich für die Wahlkampfstrategien der linken Populisten; er beruft sich dabei direkt auf Ernesto Laclau und Chantal Mouffe (vgl.

Kapitel 2.2.1). Errejón befindet populistische Markierungen wie zu erreichende »echte Demokratie« (als Gegenbild zur derzeit herrschenden) oder eben die abgehobene »Kaste« für unverzichtbar; die »leeren Signifikanten« (Laclau/Mouffe) würden benötigt, um einen gemeinsamen Bezugspunkt aller Unzufriedenen und Ausgeschlossenen – in linker Diktion: aller »Subalternen« – zu schaffen.[82] Errejón nennt diese subalternen Kräfte eine »neue Gesamtheit«, »die mehr ist als die Summe aller Akteure«.[83]

Wie bei Mélenchon in Frankreich versucht auch der Linkspopulismus Marke Podemos positive Bezugnahmen auf Patriotismus und Vaterland in das moderne linke Programm zu integrieren. Damit eckt man aber im weiteren linken Spektrum durchaus an und sorgt für Ausfransungen am linken Rand, wo man die Gefahr sieht, die Unzufriedenheit »rechts« aufzuladen. Mit Laclau zeigt sich auch Errejón selbst unsicher, wie »man von der Unzufriedenheit, von dem unterschiedlichen Leid, zu einem gemeinsamen Willen«[84] kommen könne. Und mit Mouffe verweist er auf die faktische Notwendigkeit, eine neue Dichotomisierung im Sinne einer Aufspaltung von »Wir« und die »anderen« (»die da oben«) herbeizuführen bzw. zu verstärken.

Die populistische Taktik des Bezugs auf die Gepeinigten des aktuellen Zustandes der politischen und ökonomischen Verhältnisse gegen die oligarchische »Kaste« als konkreten Gegner hat sich bis dato bewährt: Ende 2015 erreichte man bei den Parlamentswahlen 20,6 Prozent der Stimmen, blieb damit zwar knapp hinter den Sozialdemokraten und Konservativen, bewies aber, daß das traditionelle und als verkrustet wahrgenommene spanische Zweiparteienregiment der Vergangenheit angehört. Zudem sitzt man im Europaparlament, in allen Regionalparlamenten Spaniens und stellt in Bündnissen mit anderen linken Formationen die Bürgermeister in Städten wie Barcelona und Madrid.

Gleichwohl richten sich »populistische« Zuspitzungen auch gegen die eigene Parteiführung. Ein Mitgründer von Podemos scherte aus und griff die Iglesias-Spitze als parasitäre Gruppe an; eine harsche Beleidigung, die sonst eher in Richtung der etablierten Parteien von Konservativen und Sozialdemokraten geäußert wird. Die konkreten Konflikte innerhalb der Linkspopulisten interessieren indes nur insofern, als daß sie das Dilemma jedweden westeuropäischen Populismus aufzeigen: Wie reagiert man auf Wahlerfolge und auf Chancen der Regierungsbeteiligung? Der bereits zitierte Errejón versucht mittlerweile im Sinne Jean-Claude Michéas auszugreifen (»Nicht links, nicht rechts, sondern transversal«), während Iglesias die Partei als dezidiert linke Gegenmacht zum etablierten Parteiensystem aufbauen und festigen möchte, die mit außerparlamentarischen Initiativen zusammenarbeiten müsse.[85]

Anfang 2017 wählte der basisdemokratisch verfaßte Parteikongreß von Podemos – 150 000 Mitglieder stimmten online ab – eine heterogene Führung aus Anhängern von Wahlsieger Iglesias (sie stellen ca. 60 Prozent der Personen in der Führungsspitze) und von Errejón. Zwei Vertreter entsenden außerdem die radikalen Antikapitalisten. Die Widersprüche des linken Populismus werden dadurch nicht »aufgehoben«, sondern nur vertagt. Nicht nur in Spanien, sondern auch in Deutschland verweisen linke Kritiker nach wie vor auf die als unheimlich empfundene Nähe von Podemos-Argumenten zu rechtspopulistischen Standpunkten, was insbesondere die Gegenüberstellung »Volk« versus »Elite« betrifft; eine antagonistische Zuspitzung, der die Gefahr innewohnt, Sündenböcke zu personalisieren, »auf die die Leute ihre Ressentiments projizieren können«.[86] Ein weiteres Problem des Linkspopulismus, wie er von Mélenchon in Frankreich oder Iglesias in Spanien verkörpert wird, ist die Diskussion darüber, wer nun eigentlich »das Volk« oder die »Volksklassen« (»populare Klassen«) darstellt, mit denen man gemeinsam gegen »die da oben« zu agieren gedenkt.

Es ist dies ein genuin linkes Problem, mit dem sich kaum ein rechter Populismus konfrontiert sieht, da im rechten Beritt überwiegend Klarheit darüber herrscht, wer zum Volk gehört und wer nicht. Die Linke hat hier den Nachteil, daß sie ihre eigene Vorstellung von »Volk« erst ausdiskutieren müßte, was dadurch wesentlich erschwert wird, daß weite Teile der Linken – selbst in Spanien und Frankreich, wo der Linkspopulismus derzeit stark ist – an diesem Diskurs ostentatives Desinteresse zeigen, weil man die Gefahr einer Annäherung an rechte Positionen absolut setzt. Der »volksnahe« oder »popular-nationale« (Gramsci) Flügel des Linkspopulismus, der sich positiv auf »Volk« oder »Nation« und auf einen gemeinsamen Kampf gegen »die da oben« bezieht, wird dabei – zu Recht oder zu Unrecht – von seinen linken Kritikern in die Nähe der »Querfront« gerückt.

**3.3 Querfrontpopulismus**

Der Querfront-Vorwurf in Richtung linkspopulistischer Positionen ist oftmals unbegründet und erfolgt aus antifaschistisch-doktrinären Denkblockaden heraus. Das heißt aber nicht, daß es keine Kräfte gibt, die tatsächlich an einem transversalen oder eben Querfront-Populismus arbeiten. Die Forderung des Ökonomen Robert R. Reich steht stellvertretend für ein solches Ansinnen im Geiste Jean-Claude Michéas (vgl. Kapitel 2.2.2): »Wir müssen eine gemeinsame Bewegung schaffen, die Rechte und Linke zusammenbringt, um die reiche Elite zu bekämpfen.«[87]

3.3.1 Griechenland: Populismus zwischen links und rechts
Als im Januar 2015 bei den Wahlen im krisengebeutelten Griechenland eine linke Sammlungsbewegung zur stärksten Partei wurde – Syriza (»Koalition der radikalen Linken«) – und die etablierten Konservativen und Sozialdemokraten – die politische »Kaste« in der Podemos-Terminologie – aufgrund ihrer EU-Loyalität als Kooperationspartner ausschieden, blickte der Syriza-Chef Alexis Tsipras nach rechts und koalierte von nun an mit den Unabhängigen Griechen (Anel).[88]

Somit lag in Europa die erste Koalition aus rechts- und linkspopulistischen Parteien vor, wobei beide Akteure wiederum innerhalb ihrer eigenen Denkstruktur links- und rechtspopulistische Theoreme vereinigen – freilich mit jeweils entgegengesetzter Gewichtung.

Tsipras, bis dahin smarter Shootingstar der europäischen Linken, brach ein linkes Tabu, auf dessen Aufrechterhaltung – siehe Front de gauche (Frankreich) und Podemos (Spanien) – linke Kritiker eigentlich vehement bestehen. Denn Anel ist ohne Zweifel eine rechtspopulistische Partei. Sie ist keineswegs neofaschistisch bis neonationalsozialistisch wie die konkurrierende Goldene Morgenröte, doch ihre Agenda ist nationalistisch bis chauvinistisch (in bezug auf Deutschland oder die Türkei), wirtschaftspolitisch protektionistisch und gesellschaftspolitisch konservativ.

Die Agitation von Anel richtet sich dabei insbesondere gegen »die da oben« in Form der Konservativen und Sozialdemokraten, gegen »die in Brüssel« in Form der EU-Nomenklatur und gegen jene Teile der griechischen Medienlandschaft, denen vorgeworfen wurde, die Ängste und Sorgen des einfachen Volkes zu verschleiern, während den Konservativen und Sozialdemokraten nach dem Mund geredet worden sei. Dieselben Argumentationslinien sind auch bei Syriza erkennbar, wenngleich Syriza zusätzlich eine antikapitalistische Schlagseite aufweist, die bei Anel lediglich rudimentär und oberflächlich vorliegt, dort in jedem Falle von einer deutschlandkritischen Grundstimmung überlagert wird, die in der Geschichte wurzelt, bis heute aber fortgeführt wird. Gewissermaßen erscheint der ewige Deutsche als Ausbeuter Griechenlands von 1941 bis heute.

Seit 2015 führt die Links-rechts-Querfront das weiterhin darbende Land. Die europäische Linke, die deutsche zumal, schweigt überwiegend beflissentlich. Denn, so einer der wenigen klugen Köpfe der Linken hierzulande zutreffend: »Hätte es jemand in der deutschen Linkspartei gewagt, mit solch eindeutig rechts angesiedelten Kräften zusammenzuarbeiten oder gar eine Regierungskoalition zu bilden, wäre sofort ein Proteststurm zu erwarten gewesen, und es wäre der Vorwurf der ›Querfront‹ erhoben worden.«[89] Anders als wenn sich Sahra Wagenknecht auch nur ansatzweise in Richtung einer populistisch anmutenden Zustimmung »rechter« Thesen positioniert, schwieg man lieber, um die Projektionsfläche linksreformistischer Träume innerhalb der Europäischen Union – Tsipras und Syriza – nicht verlieren zu müssen.

Kritiker aus der »antideutschen« Szenerie traten freilich dennoch auf. Thomas Ebermann, Alt-Linksradikaler aus dem Umfeld des Magazins *konkret*, sah große inhaltliche Übereinstimmung zwischen den links- und rechtspopulistischen Koalitionären, ja er betonte, daß »Querfronten nicht nur taktische Gründe haben, sondern als Grundlage [für] partielle inhaltliche Übereinstimmungen« dienten. Auch die Übernahme positiver Bezugnahmen der Linkspopulisten von Syriza auf nationale »Ehre« und »Würde« stört den erklärten Gegner eines »volksnahen« linken Agierens im Stile von Mélenchon, Iglesias oder eben Tsipras. Alles, was Syriza erreicht habe, sei, daß »Querfrontpolitiken legitim geworden sind«.[90] Auch Ivo Bozic, Mitherausgeber der Wochenzeitung *Jungle World*, nimmt in dieser rechts- und linkspopulistischen Syriza-Anel-Querfront alarmistisch einen »Tabubruch« wahr, vermutet gar, daß dieses »griechische Modell« einen internationalen »Signalcharakter« zugunsten eines klassenübergreifenden Links-rechts-Modells trage.[91]

Dies könnte insofern eine tatsächliche Option darstellen, als daß die sozialen Kämpfe, die in den Ländern der EU sukzessive zunehmen, weiterhin im Rahmen des Nationalstaates ausgefochten werden dürften. Zumindest wäre diese Querfrontpopulismus-Option also eine reelle Möglichkeit in jenen Ländern Europas, in denen es auch heute noch volksnahe oder eben populistische linke Parteien gibt, mit denen eine verständigungsbereite volksnahe oder eben populistische Rechte kooperieren könnte wie in Griechenland, wenngleich Anel aufgrund ihrer nationalchauvinistischen Verengung zweifelsfrei zu den »regressivsten« Rechtspopulisten Europas zählen dürfte. Für den deutschsprachigen Raum müssen andere Alternativen gefunden werden, während in Italien eine neue Form von »transversalem« Populismus reüssiert.

3.3.2 Sonderfall: Italiens Fünf Sterne
Die italienische Partei Movimento 5 Stelle (M5S, dt. Fünf-Sterne-Bewegung) ist das Produkt des populären Kabarettisten Beppe Grillo. Seine Anhänger um ihre fünf Sterne – sie stehen für Umwelt, Wasser, Entwicklung, Konnektivität (Netzpolitik), Verkehr – sind im Regelfall weder links noch rechts (oder: sowohl als auch), populistisch, antioligarchisch und jung. Diese auf den ersten Blick recht widersprüchliche Kombination muß im spezifischen italienischen Kontext gesehen werden, wo mit Silvio Berlusconi, verkrusteten Strukturen und wechselnden Parteienformationen eine große Unzufriedenheit mit der etablierten Politik herrscht.

Diese Unzufriedenheit nutzte der landesweit bekannte TV-Akteur Grillo ab 2009, zunächst in Form einer Bürgerinitiative und später einer Partei. Es wurde gewettert gegen etablierte Politiker und ihr Kastenwesen, gegen die aufgeblähte Bürokratie, über fehlende kostenlose Internetversorgung, wider den Vorrang des privaten Gesundheitssektors oder auch über mangelhafte infrastrukturelle Investitionen; geworben wurde demgegenüber für den Euro-Austritt und die Rückgewinnung nationalstaatlicher Souveränität, für demokratische Neustrukturierungen »von unten« und die »Deckelung« von Managergehältern bei einem Mindesteinkommen für alle italienischen Bürger. Die bunte Themenzusammenstellung, die »linke« oder »rechte« Ansatzpunkte gleichermaßen umfaßte, korrelierte mit dem öffentlichkeitswirksamen, modernen Auftreten der Grillo-Anhänger.

Demonstrationen mit fast einer Million Teilnehmern wurden ausgerichtet, bevor man sich erstmals zu Wahlen aufstellen ließ. Im Februar 2013 erhielt der M5S circa ein Viertel aller Stimmen und wurde hinter der Demokratischen Partei zweitstärkste Kraft. Zudem konnten bei Regionalwahlen – etwa in Sizilien – über 30 Prozent erzielt werden. Als stärkste oppositionelle Kraft reüssierte Grillos Bewegung auch bei den Europawahlen im Mai des Folgejahres. Etwa 21 Prozent der italienischen Wähler entschlossen sich, M5S die Stimme zu geben, was 17 Sitzen im Europaparlament entsprach. Interessant ist dabei, wem sich die Mandatsträger bei der Fraktionsbildung anschlossen: Sie wählten geschlossen den Beitritt zur Fraktion Europa der Freiheit und der direkten Demokratie (EFDD), die beispielsweise auch Beatrix von Storch (AfD), die Schwedendemokraten oder die Abgeordneten der britischen UK Independence Party (UKIP) in ihren Reihen aufweist.

Nicht nur aus diesen Gründen rechnen in- wie ausländische Beobachter des äußersten linken Bereichs Beppo Grillo und seine Partei M5S dem »Querfront«-Spektrum zu, das populistisch agiere.[92] Ein italienischer Philosoph – auch er entstammt der äußersten Linken – sieht bei M5S einen »doppelbödigen Populismus« wirken, der viele Widersprüche vereinen möchte[93] – letztendlich ist auch dies nichts anderes als der Vorwurf, »links« und »rechts« gleichermaßen bedienen zu wollen. Moniert wird im Vergleich zum »Linkspopulismus« im Stile von Podemos vor allem, daß M5S hierarchisch geprägt sei. Das trifft zu, ist aber insbesondere im Hinblick auf das gewählte Beispiel Podemos »doppelbödig«, da deren Parteichef Iglesias selbst vorgeworfen wird, die Belange der parteiinternen Minderheiten zu übergehen. Richtig ist hingegen der Verweis Beppe Caccias, daß die populistische Agitation der Grillo-Partei die Dichotomie »Volk« versus »Kaste« ausschließlich für die Mobilisierung gegen die Berufspolitiker verwendet, dem abwertenden Begriff der Kaste also eine rein politische Note zuweist.[94] Podemos als linke Bewegung sieht in der »Kaste« hingegen die gesamte Elite verkörpert, also neben den Politikern auch wirtschaftliche oder gesellschaftliche Kreise in die Grundsatzkritik mit einbezieht.

Diese fehlende antikapitalistische und gesellschaftskritische Haltung von Grillo und Co. ist denn auch – neben EU-Kritik und Nationalstaatsbefürwortung – der wichtigste Grund, weshalb die Fünf-Sterne-Bewegung eine »transversal«-populistische und keine genuin linkspopulistische darstellt. Dieses konkrete Modell ist indes spezifisch italienisch und gedieh vor allem in einem Feld der italienischen Innenpolitik, wo eine weitere Form von Populismus mittlerweile Tradition verkörpert: Unternehmer- und Regierungspopulismus.

### 3.4 Unternehmer- und Regierungspopulismus

Silvio Berlusconi[95] ist der bekannteste europäische »Unternehmerpopulist«, der auch »Regierungspopulist« war; ein Mann, der die Mittel der Medien nutzt, um gegen andere, angeblich tonangebende Medien ins Feld zu ziehen; ein Mann, der wieder und wieder Wahlformationen schafft, die auf seine Agenda und Persönlichkeit zugeschnitten sind (Berlusconi gründete z. B. 1994 Forza Italia und war damit der erste Unternehmer Europas, der das Experiment der Parteibildung wagte); ein Mann, der auch in Regierungsverantwortung den »populistischen Stil« der Vereinfachung und Zuspitzung verwendet, um gegen jenen Block zu agieren, der herrschen würde, wenn er dies nicht im Stile einer One-Man-Show leisten würde; ein Mann, der die direkte Ansprache an das Volk wählt und versucht, die Mittler der Parteigliederungen zu umgehen; ein Mann, der als Großunternehmer finanziell abgesichert ist und gegen oligarchische Cliquen wütet, die selbst in seine (wirtschaftliche wie politische) Position gelangen möchten.

Berlusconi ist allerdings mehr oder weniger passé; Donald Trump würde als ähnlicher Fall naheliegen. Allerdings ist der Regierungs- und Unternehmerpopulist Trump Produkt des US-amerikanischen Politainments wie auch der Legitimationskrise der amerikanischen Politik an sich, deren Analyse aufgrund der substantiellen Verschiedenheit vom europäischen politischen Betrieb den Rahmen der vorliegenden Studie in mehrfacher Hinsicht sprengen würde, zumal sie einen expliziten Fokus auf Deutschland und Europa legt. Politisches Unternehmertum à la Trump gibt es dieser Einschränkung ungeachtet aber auch in unseren Gefilden.

In Österreich gesellte sich zum weltanschaulich rückgebundenen Rechtspopulismus der FPÖ ein in einigen Punkten ähnlich argumentierender Unternehmerpopulismus um den austrokanadischen Milliardär Frank Stronach, dessen Team Stronach mit einwanderungskritischen, marktliberalen und Anti-Establishment-Positionen ab 2013 respektable Wahlerfolge und Mandatsgewinne feiern konnte, bevor es auseinanderfiel.

Auch in Tschechien steht mit Andrej Babiš ein Politiker vom Typ Berlusconis im Rampenlicht der Öffentlichkeit. Babiš gilt reichster oder zweitreichster Mann des Landes, ist Eigentümer mehrerer Tageszeitungen, gründete 2011/12 die Partei ANO (»Ano« heißt einerseits auf tschechisch »ja« und steht andererseits für »Aktion unzufriedener Bürger«) – und ist Finanzminister in Prag. 2013 erreichte er mit ANO prompt 18,65 Prozent der Wählerstimmen bei der Abgeordnetenhauswahl, bevor man 2016 bei den Regionalwahlen mit 21 Prozent sogar stärkste Kraft Tschechiens wurde.

Babiš selbst wird gelegentlich mit Beppe Grillo verglichen, vor allem was die unklare weltanschauliche Ausrichtung betrifft. Grillo agiert allerdings mit linken, liberalen und rechten Versatzstücken, während man bei Babiš klare Konnotationen nicht so eindeutig feststellen kann. Die Agitation richtet sich gegen »die« politische Klasse, gegen die »alten« Parteien und fordert einen schlanken Staat samt schlanker Verwaltung. Die Vorwürfe, Babiš habe sich die Wahlformation geschaffen, um den Reichtum seiner Holdings zu mehren, konnten bis heute nicht zweifelsfrei bewiesen werden, stehen aber im Raum.[96] Fest steht zudem, daß Babiš aufgrund von Steuerbetrugsvorwürfen von seinem Amt zurückgetreten ist und Ende Oktober 2017 vorgezogene Neuwahlen stattfinden werden.

Es gibt in Europa ähnliche Beispiele wie in Italien und Tschechien, etwa in Litauen. Gemeinsam ist allen Fällen von Unternehmerpopulismus, der – wie im Fall Italiens oder Tschechiens – teilweise direkt in den Regierungspopulismus übergeht, daß hier Selfmademen aus der freien Wirtschaft den Anspruch formulieren, jenseits der politischen Lager zu stehen und kraft eigener Erfolge als Unternehmer bessere Lenker der Prozesse zu sein als die bisherigen Akteure des politischen Feldes. Die Agitation gegen das politische Establishment geht dabei oft mit dem Korruptionsvorwurf gegen »die Elite« einher, von dem man sich selbst nicht betroffen wähnt, da man finanziell qua eigener Stärke unabhängig sei. Die Sehnsucht nach dem »starken Mann« jenseits der Parteien und Fraktionen sowie allgemeines Unbehagen an den (politischen und wirtschaftlichen) Verhältnissen spielen dabei den Protagonisten wie Berlusconi, Stronach, Babiš und Co. in die Karten. Weltanschaulich rückgebunden ist hingegen keiner der bekannten Unternehmer- oder Regierungspopulisten, wenngleich das nicht ausschließt, daß grundsätzliche Standpunkte in Einzelfragen vorhanden sein können.

Ein solcher Populismus, so unterschiedlich er auch im jeweiligen Ursprungsland auftreten mag, ist zugleich jener, der sich in ideenpolitischer Weise am meisten von einem – je nach Diktion – »populären«, volksnahen oder volkstümlichen Populismus (sei er nun rechts, links oder »transversal« konnotiert) abhebt. Die Fixierung auf einen kapitalistischen Mäzen, unternehmerischen Gönner, finanzpotenten Retter ist a priori nicht demokratisch. Denn Demokratie ist nicht nur »die Herrschaft für das Volk, sie ist auch die Herrschaft durch das Volk«.[97] In diesem Sinne ist es als demokratische Stärke etwa der Alternative für Deutschland anzusehen, daß sie als Partei jenseits des Establishments unabhängig von finanzstarken Einzelpersonen agieren kann.

## 4. Die Alternative für Deutschland und der Populismus

Schenkt man der Medienlandschaft in Deutschland Glauben, und zwar von der als bürgerlich geltenden *Frankfurter Allgemeinen Zeitung* (*FAZ*) bis zur linksalternativen *tageszeitung* (*taz*) – noch weiter links verwendet man härtere Stigmata, etwa »rechtsextremistisch« oder »extrem rechts« –, so handelt es sich bei der AfD um eine rechtspopulistische Partei. Das Urteil erfolgt dabei im Regelfall ohne substantielle Auseinandersetzung. In der Politikwissenschaft, zumindest in ihren nichtlinken Teilbereichen der normativen Extremismusforschung, fällt dieses Urteil differenzierter aus. Eckhard Jesse und Isabelle-Christine Panreck geben etwa zu bedenken, daß die AfD »die Eigenschaften einer populistischen Partei nur teilweise« erfülle.[98] Typisch populistisch sei, so zutreffend, die Betonung des Antagonismus Volk versus Elite. Auch nutze die Partei populistische Stilelemente in Wahlkämpfen und Medienauftritten, darunter »Stereotypisierung« und »Vereinfachung«.[99]

Wo der implizite Vorwurf mitschwingt, »Vereinfacherer« zu sein, kann die AfD gelassen bleiben. Was ist, wenn die Lösungen zumindest einiger zentraler Punkte nun mal »einfach« sind? Was ist, wenn eine zugespitzte, »populistische« Forderung nach »sicheren Grenzen« die naheliegende und »im Volk« auf fruchtbaren Boden treffende Antwort auf scheinbar komplexe Affirmationen einer »borderless world« darstellt?

Neben dieser eigentlich banalen Feststellung, sind es weitere Entwicklungsstränge der bundesdeutschen Politik, die zugunsten einer »populistischen« AfD verlaufen. Florian Hartleb nennt diesbezüglich: die »Sozialdemokratisierung der CDU« im Sinne eines Linksschwenks, die große Koalition im Bund, die konsensuale Situation aller etablierten Parteien in Grundsatzfragen, die Schwäche des Liberalismus, wachsende gesellschaftliche Unzufriedenheit (v. a. im Osten der Republik) sowie die Unterschätzung der AfD als wirkmächtiger Gegenpartei.[100] So richtig diese Auflistung ist, fehlt doch ein entscheidender Aspekt, den Bernd Stegemann herausstellt. Dieser macht die »totalitäre Schließung des politischen Feldes durch die alternativlose Politik der Kanzlerin«[101] dafür verantwortlich, daß in Deutschland eine relevante populistische Bewegung von rechts entstanden ist – mit der AfD als Wahlpartei in ihrer Mitte. Da insbesondere die Flüchtlingspolitik der Bevölkerung ex cathedra als »alternativlos« verkauft wurde, »entlädt sich an diesem Punkt eine lange aufgestaute Wut gegen die belehrende Art der liberalen Politik, bei der der Einzelne als Schüler betrachtet wird, der von einer Elite erzogen werden muß«.[102]

Zweifellos: Es sind dies herausragende Startbedingungen für eine »populistische« AfD, die den Terminus »Populismus« beim Worte nimmt und als volksnahe Politik begreift, die mit einfachen, aber überzeugenden Bildern arbeitet, die derzeit nötig sind, um die wachsende Unzufriedenheit wahltechnisch zu kanalisieren. Die »Brechstange des Populismus« (Bernd Stegemann) ist also – derzeit – nötig gegen die »alternativlose« Merkel-Politik, die freilich eine Politik von CDU/CSU und SPD ist und nicht linken Splittergruppen angelastet werden sollte, während man bei den »Volksparteien« um Kooperation bittet.

Nur wer aufgrund eigener ideologischer Denkblockaden nicht weiß, welche politischen Kräfte primär für die aktuelle Situation in der Bundesrepublik verantwortlich sind (und das ist primär nicht die Linkspartei), gerät überhaupt in Gefahr, sich bei Schwarzen, Roten oder auch Gelben – den prägenden Gestalten der bundesdeutschen Politik seit Jahrzehnten – um Wohlwollen zu bemühen, anstatt in aller Deutlichkeit und Einfachheit – »populistisch« – zu sagen: »Mit euch nicht, und zwar nicht heute, nicht morgen, und wenn übermorgen, dann nur mit euch in einer nachgeordneten Position, in der Rolle als selbstkritische Akteure für einen Neubeginn, dessen grundsätzliche Ausgestaltung freilich uns, nicht euch obliegt.« Das wäre ein selbstbewußter, nichtkonsensualer Anspruch, der zum jetzigen Zeitpunkt irreal erscheinen muß. Aber es gilt, daß sich Forderungen im politischen Alltag, in politischen Prozessen, in der Realität als solcher ohnehin abschwächen. Wer jedoch gleich in der Aufbau- und Etablierungsphase der eigenen Wahlpartei als potentieller Mehrheitsbeschaffer – beispielsweise für die »Bürgerlichen« von Schwarz-Gelb gegen das rot-rot-grüne Gespenst – auftritt, wird als überflüssiger Establishment-Anhang vom Schlage der Liberal-Konservativen Reformer (LKR, die neue Splitterpartei Bernd Luckes) enden.

Die »Unversöhnlichkeit« der AfD in der Agitation »Volk« versus »Elite«, die Eckhard Jesse als eminent »populistisch« betrachtet, ist einstweilen wichtig und richtig. Das allgemeine Unbehagen an den herrschenden Verhältnissen kann derzeit nur populistisch, also vereinfachend und um klare, offene Sprache gegenüber dem Volk bemüht, mobilisiert werden. Angesichts der existentiellen Krise, in der sich Deutschland und Europa aufgrund der Mißwirtschaft des politischen Establishments befinden, muß sich hierbei nicht vorauseilend entschuldigt oder die eigenen Aktionsweisen inhaltlich oder stilistisch abgeschwächt werden.

Denn es ist ein grundsätzliches Übel für eine junge Oppositionspartei, zwanghaft nach Anerkennung und Koalitionsbeteiligung zu streben, wie im österreichischen Fallbeispiel (3.1.2) gezeigt wurde. Wenn eine Kraft der Opposition ohne jede Not beginnt, Teil des Ganzen zu werden, sich anschmiegt, abschwächt, mitspielt, erntet sie keinen Dank der Etablierten. Antonio Gramsci nannte deren Vorgehen »Hegemonie durch Neutralisierung«; er beschrieb damit eine Situation, in der sich der Mainstream oppositionelle Forderungen einverleibt, um ihr subversives Potential zu neutralisieren.[103] Diesbezüglich wußte schon der trotzkistische Renegat James Burnham mitzuteilen, daß hier »mitspielende« Oppositionelle, denen man kleine Zugeständnisse macht, damit sie den großen Konsens nicht mehr hinterfragen, die also keine grundsätzlich angelegte eigenständige Kraft mehr sind, »in bezug auf die gut verschanzte Macht ebenso unbedeutend wie früher die Hofnarren« seien.[104]

Das Brisante an der ganzen Angelegenheit ist indes aber, daß gerade den »Unversöhnlichen« – also den weltanschaulich rückgebundenen »Rechtspopulisten« – innerhalb der AfD seitens dezidiert nichtpopulistischer, »liberalkonservativer« Kreise vorgeworfen wird, wie Narren zu agieren, so als ob gerade sie für schlechte Wahlumfragen oder -ergebnisse verantwortlich wären. Nun ist – um Beispiele anzuführen – Schleswig-Holstein nicht Brandenburg, Nordrhein-Westfalen nicht Thüringen, aber es bleibt doch zu konstatieren, daß beispielsweise in Brandenburg und Thüringen konstant um die 20 Prozent in Umfragen erzielt werden, obwohl man dort angeblich ausgewiesen »sozialpopulistisch« und »rechtspopulistisch« agiere, wie den dortigen Protagonisten seitens parteiinterner Gegner aufgrund einer am sogenannten kleinen Mann orientierten Bürgeransprache vorgeworfen wird, während man in Düsseldorf oder Kiel, wo man sich eher an blaugefärbter FDP-Programmatik als an substantiellem Widerspruch versuchte, froh sein mußte, die Fünfprozenthürde zu stemmen.

Freilich: Ost und West haben partiell unterschiedliche Ausgangssituationen, Wahlen auf Bundesebene gewinnt man nicht mit 20 Prozent in Thüringen und Brandenburg alleine, und populistische Inhalte und Stilmittel sind – auf Dauer – kein Erfolgsgarant. Der Beweis, daß langfristiger und nachhaltiger Erfolg demgegenüber durch inhaltliche und habituelle Anpassung an den Mainstream bei Verzicht auf »populistische« Aktionsweisen zustande gebracht werden könne, steht aber noch aus.

Die AfD ist eine Partei, die – neben den bereits Überzeugten – vor allem Nichtwähler und enttäuschte Anhänger anderer Parteien für sich mobilisieren möchte. Sie sieht sich dabei mit dem – nicht selten semi- oder illegalen – Widerstand sämtlicher gesellschaftlich relevanten Gruppen, Medien und Organisationen konfrontiert, die daran arbeiten, daß »das Volk« eine ideologisch verzerrte Wahrnehmung von der AfD und ihren Mitgliedern erhält. Populismus ist hier sowohl inhaltlich als auch stilistisch legitim, um die Diffamierungs- und Verfälschungsagenda zu durchkreuzen. Defensiver formuliert, bleibt Populismus, wie Alexander Gauland betont, mindestens »nichts Verwerfliches«.[105]

## 5. Zusammenfassung

Den Populismus als einen streng definierten Begriff gibt es nicht. Was es gibt, sind je nach Land und Volk unterschiedliche Erscheinungsarten, die weltanschaulich verschieden rückgebunden, d. h. fundiert sein können, oder aber nicht einmal eine »dünne« Ideologie vorweisen, sondern den Populismus ausschließlich als Stilmittel begreifen, dessen konkrete Standpunkte fluide sind. Die Diskurse des Populismus sind zudem nicht Produkt einer bestimmten »Klasse« oder »Schicht« der Gesellschaft: »Sie können als Resultat bestimmter ideologischer Kämpfe unter verschiedenen Bedingungen unterschiedlich artikuliert sein.«[106]

Der Auftrag der Alternative für Deutschland besteht über ihre konkreten »Leitthemen« (u. a. Einwanderungs-, Establishment-, Medien-, Brüssel- und Euro-Kritik) hinaus darin, gegen die vom Establishment gepredigte »Alternativlosigkeit« anzugehen. Mit Bernd Stegemann galt es, darauf hinzuweisen, daß die »totalitäre Schließung« des politischen Feldes – populistisch gefaßt: durch »die da oben« – automatisch Gegenreaktionen hervorruft, die wiederum von der AfD genutzt, vermehrt und in ihrer Intention bestärkt werden können. Die Behauptung von Alternativlosigkeit aufgrund komplexer Sachverhalte, die man nicht »verallgemeinern« oder »vereinfachen« dürfe, ist heute »das wichtigste Machtmittel der Eliten geworden«.[107] Auch auf linker Seite begreifen in der Folge daher erste Köpfe, daß die Medienhatz hinsichtlich der »tödlichen Gefahren des Populismus« darauf abziele, »in der Theorie die Idee zu begründen, daß wir keine andere Wahl haben« als Anpassung an den Mainstream und entsprechendes Agieren im Spielfeld desselben.[108]

Zu fragen bleibt abschließend nach der Rolle des metapolitischen konservativen oder neurechten Lagers im populistischen Feld. »Um politisch zu handeln«, hob Chantal Mouffe zu Recht hervor, »müssen Menschen sich mit einer kollektiven Identität identifizieren können, die ihnen eine aufwertende Vorstellung ihrer selbst anbietet«, ihnen mithin eine Identität (zurück) gibt, »die der Erfahrung der Menschen einen Sinn verleihen und die ihnen Hoffnung für die Zukunft geben« kann.[109] Das ist nichts anderes als ein »populistisches« Minimalprogramm, das besonders seitens eines kämpferischen Konservatismus für sich in Anspruch genommen werden muß, der das Gefühl für Heimat, das Bewußtsein eigener Identität und das Streben nach sozialer Gerechtigkeit in ihren Bedeutungen als wesensgemäß zusammenhängend erkennt und für weite Teile der Gesellschaft – nicht nur für das eigene Milieu – hinreichend darlegt.

Je abgehobener von den Belangen des »einfachen Volkes« und lebensferner sich die herrschende Klasse einem hyperkapitalistischen und kosmopolitischen Streben hingibt, um so stärker wird die Gegenbewegung in Richtung einer neuen Suche nach Verwurzelung und Verortung, nach sozialer Fürsorge und solidarischer Gemeinschaft ausfallen. Die populistische Zuspitzung beschleunigt nur das Entstehen von Bewußtsein für diese Prozesse, verstärkt nur das Entstehen der Kluft zwischen »Volk« und »Elite« – sie löst diese Entwicklungen nicht aus.

Die Linke, auch ihre populistische Ausprägung, wird nun aber daran scheitern, eine positive (Gegen-)Erzählung zum herrschende Neoliberalismus auf die Beine zu stellen, weil sie bereits damit zu kämpfen hat, sich gewiß zu werden, was ein »Volk« überhaupt ausmacht, wer also das Subjekt sein könnte, das gegen die Elite oder gegen die oligarchische Führung herausgehoben wird, und für welches man die positive Vision überhaupt erarbeiten könnte. Dennoch behalten einige linke Anliegen ihre Berechtigung, etwa der Kampf gegen die enorme Machtkonzentration (wirtschaftlicher und politischer Natur) oligarchischer Strukturen auch in Westeuropa; die Beanstandung neoliberaler Totaldurchdringung aller gesellschaftlichen Teilbereiche sowie die prinzipielle Gegnerschaft zu einem individualistischen Regime, in dem jede Person nur noch als »Unternehmer seiner selbst« (Michel Foucault) verstanden wird.

Diese Anliegen können seitens der deutschsprachigen konservativen Intelligenz schadlos und ohne wirkmächtige Konkurrenz adaptiert werden, da die hiesige »verweltbürgerlichte Linke« (Wolfgang Streeck) die Stunde des Populismus aus ideologischen wie moralischen Motiven heraus unbeachtet verstreichen läßt. Diese Stunde ist aber schon alleine deshalb gegeben, weil sich soziale, gesellschaftliche und nationale Krisenelemente in naher Zukunft zuspitzen werden; weder die Krise des Finanzmarktkapitalismus ist überwunden noch diejenige des Euro als Gemeinschaftswährung noch die der Migration. Die Chance jeder volksnahen Politik, unterstützt durch konservative Publizistik und Denkfabriken, wächst im selben Moment, in dem die wichtigsten Akteure des medialen, politischen und wirtschaftlichen Establishments des Landes zur permanenten Krisenleugnung übergehen und die Diffamierung all jener fortsetzen, die – populistisch oder nichtpopulistisch – zu intervenieren wagen.

Wenn die Populismus-Forscherin Karin Priester recht hat, daß sich die grassierende »populistische Revolte« vor allem gegen diesen Komplex des Staates richtet, »der sich hinter einem Wall verschanzt hat«,[110] dann werden es konservative Akteure sein müssen, die diesen Wall niederreißen. Die deutsche Linke wird überwiegend abseits stehen und elaborierte Diskurse führen, die alles sind, aber nicht popular, volksnah, volkstümlich – oder eben populistisch.

# 6. Anmerkungen

1 Botho Strauß: Reform der Intelligenz, in: *Die Zeit* 14/2017, online: http://www.zeit.de/2017/14/kritisches-denken-botho-strauss-intelligenz-populismus (Zuletzt abgerufen am 2. April 2017.)
2 Florian Hartleb: *Die Stunde der Populisten. Wie sich unsere Politik trumpetisiert und was wir dagegen tun können*, Schwalbach/Ts. 2017, S. 12.
3 Wohlgemerkt: Allein diese kleine Auswahl läßt sich bei Hartleb nachlesen, vgl. ebd., S. 183 f.
4 Vgl. als Standardwerk Helmut Schelsky: *Die Arbeit tun die anderen. Klassenkampf und Priesterherrschaft der Intellektuellen*, Opladen 1975.
5 Bernd Stegemann hat in einem herausragenden Essay auf die besondere Rolle des liberalen Versagens bei der Entstehung populistischer Momente verwiesen. Es lasse sich nicht übersehen, daß »gerade in den liberalsten Gesellschaften die größten Krisensymptome entstehen«, so der Professor für Dramaturgie. Der Liberalismus habe über Jahrzehnte konkrete Widersprüche in abstrakte Formeln (»Paradoxien«) verwandelt und ablenken können; nun werden aber die gesellschaftlichen Widersprüche ganz real, die Kritik sucht sich ein Ventil. Bernd Stegemann: *Das Gespenst des Populismus. Ein Essay zur politischen Dramaturgie*, 2. Aufl., Berlin 2017, S. 8 f.
6 Wer sich in den Populismus-Diskurs einlesen möchte, greife zum Einstieg zu folgenden Sammelbänden bzw. Studien: Frank Decker (Hrsg.): *Populismus – Gefahr für die Demokratie oder nützliches Korrektiv?*, Wiesbaden 2006; Richard Faber/Frank Unger: *Populismus in Geschichte und Gegenwart*, Würzburg 2008.
7 Jan-Werner Müller: *Was ist Populismus? Ein Essay*, Berlin 2016, S. 13.
8 Ebd., S. 14.
9 Ebd., S. 19.
10 Vgl. ebd., S. 44.
11 Ebd., S. 52.
12 Immer wieder drängen Politiker aus SPD und Grünen die Linkspartei dazu, ihren linken Flügel zu stutzen, weil dieser »linkspopulistisch« gegen USA und EU opponiert. Das Entreebillet zu Rot-Rot-Grün, der Beweis der »Regierungsfähigkeit«, wäre also die Preisgabe dieser unmoralischen Standpunkte wider den Transatlantismus – ein eindeutiger Fall eines »moralischen Unterscheidungskriteriums« seitens des politischen Mainstreams.
13 Müller, *Was ist Populismus*, S. 129.
14 Stegemann, *Das Gespenst des Populismus*, S. 62.
15 Ebd., S. 146.
16 Vgl. ebd., S. 41.
17 Vgl. Karin Priester: *Rechter und linker Populismus. Annäherung an ein Chamäleon*, Frankfurt a. M. 2012, S. 9.
18 Vgl. ebd., S. 12.
19 Ebd., S. 13.
20 Ebd., S. 14.
21 Ebd., S. 16.
22 Priester schreibt: »Die populistische Mentalität ist eine Verfügungsmasse, deren politische Ausrichtung nicht von vornherein feststeht.« Ebd., S. 31. Die Mentalität, so Priester, trete daher »eher in bildungsfernen mittleren und unteren Schichten« auf; sie sei eine »abwehrende, defensive Reaktion auf zu rasche Modernisierungsschübe«. Ebd., S. 63.
23 Ebd., S. 17.
24 Vgl. ebd., S. 88 f.
25 Ebd., S. 173. – Für weitergehende Beschäftigung mit Karin Priesters Populismus-Theorie vgl. allgemein: *Populismus. Historische und aktuelle Erscheinungsformen*, Frankfurt a. M. 2007, und vgl. spezifisch in bezug auf Linkspopulismus: *Mystik und Politik. Ernesto Laclau, Chantal Mouffe und die radikale Demokratie*, Würzburg 2014.
26 Vgl. *Links- und Rechtspopulismus, eine Fallstudie anhand von Schill-Partei und PDS*, Wiesbaden 2004; (mit Karsten Grabow) *Europa – Nein, Danke? Studie zum Aufstieg rechts- und nationalpopulistischer Parteien in Europa*, Sankt Augustin 2013; (mit Carmen Everts) *Freiheit, die wir meinen... Was Demokratien und Diktaturen unterscheidet*. Wiesbaden 2013; *Internationaler Populismus als Konzept. Zwischen Kommunikationsstil und fester Ideologie*, Baden-Baden 2014. (Letztgenannter Band wurde offenbar aus dem Buchhandel genommen; die Gründe sind offiziell unbekannt.)
27 Hartleb, *Die Stunde der Populisten*, S. 11.

28 Ebd., S. 31.
29 Ebd., S. 52.
30 Ebd., S. 61.
31 Ebd., S. 136 f.
32 Vgl. Präsidentenwahl in Österreich, in: *Frankfurter Allgemeine Zeitung* v. 25. April 2016, online: http://www.faz.net/aktuell/politik/ausland/europa/praesidentenwahl-in-oesterreich-fpoe-als-arbeiterpartei-14197986.html (Zuletzt abgerufen am 4. April 2017.)
33 Vgl. Hartleb, *Die Stunde der Populisten*, S. 206–208.
34 Ebd., S. 209.
35 Gramsci selbst verwendete den Begriff »nazionale-populare«, ein unübersetzbares Wort, wie Karin Priester feststellte. Die Gramsci-Herausgeber in Deutschland entschieden sich für »popular-national«; am ehesten träfe es aber wohl das Wort »volklich« (nicht: »völkisch«), das besonders im Umfeld der linksnationalen Zeitschrift *wir selbst* um Henning Eichberg genutzt wurde – oder aber schlichtweg »volkstümlich«.
36 Ernesto Laclau/Chantal Mouffe: *Hegemonie und radikale Demokratie. Zur Dekonstruktion des Marxismus*, 5. Aufl., Wien 2015, S. 23.
37 Ebd., S. 232.
38 Oliver Marchart: Äquivalenz und Autonomie. Vorbemerkungen zu Chantal Mouffes Demokratietheorie, in: Chantal Mouffe: *Das demokratische Paradox*, 2. Aufl., Wien 2015, S. 7–14, hier 14.
39 Vgl. hierzu Laclau/Mouffe: *Hegemonie und radikale Demokratie*, S. 70–76.
40 Chantal Mouffe: *Agonistik. Die Welt politisch denken*, Berlin 2014, S. 27.
41 Chantal Mouffe: *Über das Politische. Wider die kosmopolitische Illusion*, 5. Aufl., Frankfurt a. M. 2015, S. 35.
42 Ebd., S. 84.
43 Dieter Boris: Aspekte des Linkspopulismus, in: *Z. Zeitschrift Marxistische Erneuerung*, Nr. 107, September 2016.
44 In Kapitel 3.2 soll indes geprüft werden, inwiefern die Linkspopulismus-Theorie in praxi bestehen kann.
45 Zur Frage nach Sinn und Zweck einer Links-rechts-Kooperation oder, alternativ, einer ideellen Links-rechts-Synthese, vgl. zuletzt: Benedikt Kaiser: *Querfront*, Schnellroda 2017.
46 Mouffe, *Das demokratische Paradox*, S. 24.
47 Vgl. Jean-Claude Michéa: *Das Reich des kleineren Übels. Über die liberale Gesellschaft*, Berlin 2014, S. 13–16.
48 Vgl. ebd., S. 18.
49 Vgl. Jean-Claude Michéa: *Notre ennemi, le capital. Notes sur la fin des jours tranquilles*, Paris 2017.
50 Vgl. Kaiser, *Querfront*, S. 86
51 Alain de Benoist: *Mein Leben. Wege eines Denkens*, Berlin 2014, S. 349.
52 Ebd., S. 368.
53 Alain de Benoist: Populismus, in: *Junge Freiheit* 8/2000.
54 Ebd.
55 Ebd.
56 Ebd.
57 Ebd.
58 Ebd.
59 Alain de Benoist: *Demokratie. Das Problem*, Tübingen 1986, S. 24.
60 Alain de Benoist: *Wir und die anderen*, Berlin 2008, S. 70.
61 Alain de Benoist: *Le Moment populiste. Droite–gauche, c'est fini!*, Paris 2017, S. 11.
62 Vgl. ebd., S. 31 f.
63 Vgl. ebd., S. 98.
64 Vgl. für die kurze Geschichte der Schill-Partei insb. Florian Hartleb: Auf- und Abstieg der Hamburger Schill-Partei, in: Hans Zehetmair (Hrsg.): *Das deutsche Parteiensystem. Perspektiven für das 21. Jahrhundert*, Wiesbaden 2004, S. 213–227. Aus alarmistisch-antifaschistischer Perspektive vgl. Marco Carini: Hamburger Verhältnisse, in: ders./Andreas Speit (Hrsg.): *Ronald Schill. Der Rechtssprecher*, Hamburg 2002, S. 97–136.
65 Einzig in der sächsischen Großstadt Chemnitz hält sich noch die Bürgerbewegung Pro Chemnitz mit etwa fünf Prozent Stammwählern. Die lokale Bürgerbewegung ist jedoch nicht mit anderen Pro-Parteien – etwa in Nordrhein-Westfalen – verbunden.
66 Vgl. Hartleb, *Die Stunde der Populisten*, S. 100.
67 Mouffe, *Über das Politische*, S. 89.
68 Johannes Agnoli: *Die Transformation der Demokratie und verwandte Schriften*, 2. Aufl., Hamburg

2012, S. 169.
69 Ebd., S. 92.
70 Vgl. hierzu auch Kapitel 2.1.3.
71 Zit. n. Jacques Rancière: Der unauffindbare Populismus, in: ders./Alain Badiou/Pierre Bourdieu et al. (Hrsg.): *Was ist ein Volk?*, Hamburg 2017, S. 97–101, hier 101.
72 Vgl. Hartleb, *Die Stunde der Populisten*, S. 15.
73 Vgl. Michaela Wiegel: Geteilte Flur, in: *Frankfurter Allgemeine Sonntagszeitung* v. 30. April 2017, S. 3.
74 Vgl. Didier Eribon: *Rückkehr nach Reims*, Berlin 2016.
75 Ebd., S. 124.
76 Steffen Vogel: Freiheit, Gleichheit, Konflikt, in: *Der Freitag* v. 9. Juni 2016, S. 5.
77 Vgl. insb. Priester, *Populismus*, S. 219–222.
78 Vgl. Didier Eribon: Ein neuer Geist von '68, in: *Frankfurter Allgemeine Zeitung* v. 18. April 2017, S. 3.
79 Ebd.
80 Michaela Wiegel: Le Pen auf Stimmenfang, in: *Frankfurter Allgemeine Zeitung* v. 25. April 2017, S. 2.
81 Vgl. Steffen Vogel: Podemos und ihre populistische Strategie, in: *oxiblog.de* v. 1. April 2017.
82 Vgl. Alberto Garazon/Íñigo Errejón: Im Zweifel Populismus. Gespräch über Podemos und die Gefahren populistischer Politik, in: *Luxemburg* 2/2015, S. 10–15, hier 11.
83 Ebd., S. 10.
84 Ebd., S. 14.
85 Vgl. Thorsten Mense: Soap der Alphamännchen, in: *konkret* 4/2017, S. 26 f., hier 26.
86 Ebd., S. 27.
87 »Wut ist gut« – Robert B. Reich im Gespräch mit Thomas Schulz, in: *Der Spiegel* 32/2016, S. 70.
88 Vgl. für diesen Abschnitt Kaiser, *Querfront*, S. 42–44.
89 Andreas Wehr: *Der kurze griechische Frühling. Das Scheitern von Syriza und seine Konsequenzen*, Köln 2016, S. 93.
90 Thomas Ebermann: Rechte Leute von links, in: *konkret online* v. 10. Februar 2016, http://www.konkret-magazin.de/aktuelles/aus-aktuellem-anlass/aus-aktuellem-anlass-beitrag/items/rechte-leute-von-links.html (Zuletzt abgerufen am 4. April 2017.)
91 Ivo Bozic: Die Querfront als weltpolitisches Phänomen, in: Markus Liske/Manja Präkels (Hrsg.): *Vorsicht Volk! Oder: Bewegungen im Wahn?*, Berlin 2015, S. 101–110, hier 102.
92 Vgl. bspw. Thomas Ebermann: Die Nationale. Wie rechte Linke für die Rückkehr zur Kleinstaaterei werben, in: *konkret* 3/2017, S. 12–17, hier 13.
93 Vgl. Beppe Caccia: Drei Populismen und kein »Volk«. Politische Konstellationen in Italien, in: *Luxemburg* 3/2016, S. 44–49, hier 46.
94 Vgl. ebd., S. 48.
95 Zum Phänomen Berlusconi vgl. einführend Paul Ginsborg: *Berlusconi. Politisches Modell der Zukunft oder italienischer Sonderweg?*, Berlin 2005.
96 Vgl. insb. Martin Nejezchleba: Einer flog übers Storchennest, in: *Zeit online* v. 18. August 2016, http://www.zeit.de/2016/33/tschechien-eu-finanzminister-unternehmer-andrej-bibas/komplettansicht (Zuletzt abgerufen am 4. April 2017.)
97 David Van Reybrouck: Lieber Präsident Juncker, in: Heinrich Geiselberger (Hrsg.): *Die große Regression. Eine internationale Debatte über die geistige Situation der Zeit*, Berlin 2017, S. 275–292, hier 292.
98 Eckhard Jesse/Isabelle-Christine Panreck: Populismus und Extremismus. Terminologische Abgrenzung – das Beispiel der AfD, in: *Zeitschrift für Politik* 1/2017, S. 59–76, hier 69.
99 Ebd., S. 72.
100 Vgl. Hartleb, *Die Stunde der Populisten*, S. 105.
101 Stegemann, *Das Gespenst des Populismus*, S. 61.
102 Ebd., S. 62.
103 Vgl. Mouffe, *Agonistik*, S. 117.
104 James Burnham: *Die Machiavellisten*, Zürich 1949, S. 250.
105 Interview mit Alexander Gauland: »Populismus ist nicht verwerflich«, in: *Frankfurter Neue Presse* v. 29. April 2016.
106 Stuart Hall: Popular-demokratischer oder autoritärer Populismus, in: ders.: *Populismus – Hegemonie – Globalisierung* (= *Ausgewählte Schriften*, Bd. 5), Hamburg 2014, S. 101–120, hier 112.
107 Stegemann, *Das Gespenst des Populismus*, S. 105.
108 Rancière, Der unauffindbare Populismus, S. 101.
109 Mouffe, *Über das Politische*, S. 36.
110 Priester, *Rechter und linker Populismus*, S. 16.

Thor v. Waldstein

# »Wir Deutsche sind das Volk«

Zum politischen Widerstandsrecht der Deutschen
nach Art. 20 IV Grundgesetz in der »Flüchtlingskrise«

*Wissenschaftliche Reihe – Heft 28*
*Arbeitsgruppe 3: Zuwanderung und Integration*

ISBN 978-3-939869-28-3
Schnellroda 2016, 51 Seiten, € 5

# TTIP

Elitenprojekt auf Kosten
der Bürger

*Wissenschaftliche Reihe – Heft 31
Arbeitsgruppe 1: Staat und Gesellschaft*

ISBN 978-3-939869-31-3
Schnellroda 2016, 45 Seiten, € 5